智元微库
OPEN MIND

成 长 也 是 一 种 美 好

内容即品牌

长期主义者的内容创作方法论

刘飞 著

人民邮电出版社
北京

图书在版编目（CIP）数据

内容即品牌 ： 长期主义者的内容创作方法论 / 刘飞
著 . -- 北京 ： 人民邮电出版社， 2025. -- ISBN 978-7
-115-65564-6

Ⅰ . F713.3

中国国家版本馆 CIP 数据核字第 2024TX1008 号

◆　　　　著　刘　飞
　　责任编辑　陈素然
　　责任印制　周昇亮
◆ 人民邮电出版社出版发行　　　北京市丰台区成寿寺路 11 号
　　邮编 100164　　电子邮件 315@ptpress.com.cn
　　网址 https://www.ptpress.com.cn
　　天津千鹤文化传播有限公司印刷
◆ 开本：880×1230　1/32
　　印张：9　　　　　　　　　　　2025 年 1 月第 1 版
　　字数：220 千字　　　　　　　2025 年 1 月天津第 1 次印刷

定　价：59.80 元
读者服务热线：（010）67630125　印装质量热线：（010）81055316
反盗版热线：（010）81055315
广告经营许可证：京东市监广登字 20170147号

推荐语

很多人问我怎么做自媒体，我的回答一般都是"做梦"，因为这个行业实在有着太多的不确定性，红不红、火不火，很多时候是非常随机的。不同的人做同样的事，结果可能完全不一样，这甚至是没有道理的。

但现在，这一切变了，刘飞在本书中**把大量不确定性和很多人不肯说的所谓"秘诀"，总结成了一些规律**。

不能说看了这本书就能成功，但它能帮助你排除很多错误答案。

好好阅读这本书，从梦中，醒过来。

——半佛仙人 ｜ 知名自媒体人

一位跨越多种媒介与平台的内容创作者，分享他的内容创作心得和经验。

一位年轻成名的网络"大 V"，讲述亲身体验和观察到的各色个人品牌故事。

一位资深的产品经理，从个人经历中拆解出创作内容和建立品牌的内在逻辑。

三种独特视角，合而为一，尽在刘飞所著的《内容即品牌：长期主义者的内容创作方法论》。

——白光 ｜ "flomo""小报童"联合创始人

产品经理、微信公众号作者、播客主播、创业者……刘飞身上的头衔实在太多，关键是每件事他都能做得有声有色。刘飞还是一个非常爱思考的人，擅长把自己在多个领域的心得与实践进行交叉比较、总结提炼。《内容即品牌：长期主义者的内容创作方法论》就是这种自我提炼的最新成果。关于如何理解内容、如何创作内容，甚至如何认识内容传播过程中的运气因素，刘飞不仅把他的所思所想都分享了出来，他还会随时引用自己的创作内容进行论证。在我看来，他才是一个真正践行了"把自己作为方法"的人。

——程衍樑 ｜ 播客厂牌"JustPod"创始人

现在是一个人人都在做自媒体的时代，人人都可以创作内容，人人都是IP。但是，我感觉大家都在"做账号"，而不是"做内容"，账号和内容似乎已经本末倒置了。这本书给了我一种感觉——如果你有**做出好内容的耐心**，刘飞的分享就可以帮你更好地做成你的内容；如果你只想做个"账号"，你就不需要看这本书了。

——黑灯 ｜ 脱口秀演员

在"超级个体"崛起的时代,《内容即品牌:长期主义者的内容创作方法论》是一本不可多得的指南。刘飞分享了内容创作与品牌塑造的经验,用"RECH原则"阐述好内容的标准,帮助读者学会使用内容这个杠杆,成为真正的"超级个体"。

——Koji | "新世相""躺岛"联合创始人
播客"十字路口"主播

狂飙突进的移动互联网时代让全世界越来越多的人都用上了手机,而内容消费成了手机最重要、覆盖时间最长的使用方式之一。在这样的背景下,内容平台技术能力的极大发展,真正赋予了每个人通过创作内容来实现梦想的机会。

刘飞亲历了过去十年间行业的发展,对平台和技术有着深刻的理解,对内容创作也有着丰富的经验和成功经历。《内容即品牌:长期主义者的内容创作方法论》兼具理论性与实操性,也有足够多的方法与案例,对于每一位对内容、品牌感兴趣的人士,这本书都非常值得一读。

——Kyth | "小宇宙"App CEO

我是一个不爱看小说以外书籍的人,但阅读刘飞这本书,对我来说是一场难得的阅读体验。这个时代依旧有着"酒香不怕巷子深"的东西——每一个内容创作者都有足够多的机会与平台，让大家看到自己的内容。脱口秀、短视频、播客，做什么、怎么做，我相信每一位对此有需要的朋友都和我一样，需要好好看看这本书。

——刘仁铖 │ 脱口秀演员

这本书成体系地总结和分析了做出好内容的方法论和世界观。我在平时的创作中也会陷入一些迷茫之中，总觉得缺了点什么但是又说不出来，这本书很好地提炼出了多个让我"啊哈"的点，它们犀利、清醒、实用，能让创作者更快地找准自己的位置，更准地下手开始创作。宇宙无限，带好这本书，开始漫游吧。

——咪仔 │ 播客"黑猫侦探社"主播

内容创作不是优胜劣汰，而是异胜同汰。与其做到最好，不如做出不同，并坚定地走下去。你先写出十万字，就已经甩下大部分人一截，要学会把坚持本身当成目的。刘飞和这本书中的很多案例都在向你证明：前方的道路并不拥挤，因为坚持下来的人真的不多。

——潘乱 │ 知名科技博主

我曾问过刘飞为何想要创作这么一本书。他说，既想给自己一个阶段性总结，又想给准备开始创作的人们提供一些少走弯路的方法。因为如今的内容太多，而能形成独特品牌的内容却很少。

所以，如果你想**创造一些能经受时间检验的内容，形成自己独特的品牌**，这本《内容即品牌：长期主义者的内容创作方法论》便是一剂良方，它不但能告诉你许多实操的方法，也能让你在感到孤独和迷茫时，找到共鸣与安慰。

——少楠 ｜ "flomo""小报童"联合创始人

传统组织形式的加速变化，让曾经躲藏在系统里，依赖着品牌、公司、平台加持的每一个"素人"，都或主动或被动地暴露在大众的视野里。

站上风口的自媒体们各领风骚，重构话语权，又让普通人不知所措，诚惶诚恐。

刘飞老师帮助我们在信息的洪流中站稳脚跟，用好内容持续塑造个人品牌，**让影响力成为个人的价值杠杆，对抗时代的"熵增"**。读完这本书，希望每一个和我们一样的"内容人"都能不被流量裹挟，找到真正的受众，也校准真实的自己。

——石老板 ｜ "单立人喜剧"创始人

同为内容创作者，我读完刘飞老师的书感觉非常受启发。关于内容，刘飞老师总结了很多好的创作方法论，更有价值的是，他提出了很多"好问题"，让大家去思考这些"好问题"比给出答案更有价值。读完这本书，我越发觉得内容已经成了一种"个人名片"，内容创作应该是属于每个人的。希望大家都可以读读这本书，也都能成为内容创作的同路人，去挖掘内容创作的更多可能。

——史炎 | "猫头鹰喜剧"创始人
播客"不开玩笑"主播

作为短视频爱好者，我经常看到短视频平台上有很多课程教人如何在五秒内抓住用户的注意力、如何通过几个短视频快速获得巨大的流量；但在我看来，这些课程实际上只是在展示如何成为平台媒介中的"赛博佃农"，或是学者眼中的"数字劳工"。

而刘飞这本书的主旨是告诉我们**如何成为内容领域的长期投资者、做穿越时间周期的内容创作者，如何通过创作获得真正的资产，即用户对创作者持续的、稳定的认可，进而享受创作优质内容带来的复利收益**，而非告诉我们如何获得意义不大的短期流量。

——王亚楠 | 华东政法大学韬奋新闻传播学院副教授

刘飞能够连续很多年创作优质内容，并且总是能融合新媒体的特质进行创新，这是因为他形成了结构化的内容体系。而现在，这个体系以这本书的形式具体地、操作性极强地呈现了出来。它将让更多人认识到，可持续的内容创作并不是灵感的闪现、流量的适配，也不是偶然的爆发，而是有计划、有策略的，是基于价值创造的长期实践。我想，消费品牌的建设也是如此。

——吴骏 ｜ "三顿半"创始人

我和刘飞兄是通过播客相识的，他和潇磊的节目"半拿铁"我很喜欢听。相知之后，我们陆续也有了不少相处，他做事的方式也令我感到十分舒适、可靠。

一直听说有这样一句话："如果一个人身上同时包含着比较矛盾的部分，那么这个人便颇有一些过人之处。"如此说来，所谓"矛盾"在刘飞兄身上便有所体现——投入与松弛、秩序与感性、自我表达与同理心，在他身上成对出现，很是奇妙。

每个时代皆有思潮，当下也不例外。我始终觉得，无论思潮如何变化，那些包裹在"先进、正确"理念下的闪烁之光，仔细一看还是人的魅力。这也正是人们相互信任的理由。而我愿意相信，像刘飞兄这样一个人的所言所写，亦值得仔细观看。

——小伙子 ｜ 播客"日谈公园"联合创始人

安迪·沃霍尔说："未来，每个人都能出名 15 分钟。"

现在，他眼中的未来到来了，出名的人有很多，焦虑的人也不少。

没办法，一切都变得太快了，让大家没有定力静下心来做内容，一心只想速成。

这倒也没什么问题，有"速成基因"的人们，就让他们速成去吧。

如果没有"速成基因"，又恰好有打磨出一些像样内容的愿望，那你来对了！

翻开这本《内容即品牌：长期主义者的内容创作方法论》，你离实现愿望又近了一步。

——潇磊 ｜ 播客"半拿铁"主播

在人人皆能创作内容的时代，为什么有些人做出的内容如此有辨识度，以至于形成了个人品牌？或者，当一个品牌想要通过内容来打造自己的辨识度时，又需要如何去做？这本书可以成为一本指南，无论是对做内容的人还是做品牌的人，这本书都大有裨益。

——徐涛 ｜ 播客厂牌"声动活泼"创始人

目录

下篇
打造内容品牌的关键

第四章 从内容输出到品牌沉淀的五个要点

自序
人人都叮以拥有自己的内容品牌

在互联网内容平台繁荣发展的今天，我们都有机会重新认知内容品牌这个概念。

内容品牌是互联网给每一个普通人的新契机，让每个人都有"撬动杠杆"的机会。内容品牌不再是"网红"的专属，而是能为每个人的工作和生活带来正向价值的机会。比如，内容品牌可以为我们带来如下帮助：

- 在有一份固定收入的同时，获得一份副业收入；
- 为自己的工作获取更多资源，积累人际关系和行业内的影响力；
- 与自己的用户和客户建立更强的信任关系，从而提升他们的留存率；
- 在工作面临风险时，拥有一份属于自己的资产，提升抗风险能力；

......

总之，内容品牌有其独特的价值。

价值 1：提供独特的标签，降低连接成本

在纷繁复杂的社会流转中，我们日常接触的人的数量在极速增加，能和别人快速建立连接是很难的事情。

初见一个陌生人时，**我们更愿意相信那些身上已经有固定标签和稳定品牌的人。**这种品牌，有的是有公信力的组织赋予的，比如职称、职级，或者所在公司和岗位等；有的是明确可信的成果赋予的，比如做出过好的产品、正在经营一家门店等。而这些标签，往往都是职业标签，并不是差异化的标签。

因此，**如果有一个差异化的个人品牌，它就容易成为一个独特的标签。**

比如，茶叶店到处都有，一般消费者往往难以辨别其产品的优劣。但如果你能在公共平台上持续讲述自己家的茶叶与别人家的茶叶有何不同、自己在哪里采茶、自己是怎么认知茶叶的，你就能塑造出一个具有生活品位、对产品有追求且富有趣味的茶叶店店主形象。这样的茶叶店店主就是一个差异化的标签了。别人想要买茶叶，或者要推荐朋友买茶叶，也许就会来找你。

做个人品牌的首要目的，就是给我们自己打上更丰富的标签，让我们在茫茫人群中脱颖而出，被人看到并记住。要用具体的标签，而不是大众化的标签来定义自己。"对服饰领域的新品牌有洞察的电商专家"，会比"电商专家"更容易给别人留下印象；"在安徽黄山有自己的茶园的茶叶店店主"，会比"茶叶店店主"更容易给别人留下印象。

　　当然，最理想的情况还是，当我们说出自己的名字时，对方能够立刻知道我们是谁、我们有哪些经历和经验，双方能够产生什么样的连接、可以如何相处。

　　我自己有一个"品牌力共识字数法则"，即**想要达成人们对一个品牌的共识，需要用多少个字。越是知名的品牌，需要表述的字越少。**可口可乐的品牌早已深入人心，一提到它的名字，大家就能达成共识，不需要额外解释；冰峰这个我国北方的汽水品牌，想要让大家达成共识，也许就要加上一些解释，比如"西安本地的知名橙汁汽水品牌"。

　　个人品牌也是如此。如果你只是提到自己的名字，别人就觉得如雷贯耳，这就是最理想的个人品牌；如果你能用一些额外的描述让大家产生共识，比如"我写过某本书""我是某平台上的某账号的主理人"，这也是不错的个人品牌；如果你需要用更长的篇幅，乃至整整一页或几页纸的履历说明才能讲清楚自己是谁，这就意味着你还不太拥有个人品牌，或者说你的品牌影响力还很弱。

价值 2：通过信任感，产生影响力

　　可以说，好的内容就是行走的简历。它省去了我们花时间向别人解释的成本，让我们提前与对方达成了共识。

　　我之前面试产品经理时，看到有人会把过去的产品观察和思考发布在微信公众号或知乎等平台上，这提供了更多关于他或她的内容。这些内容有着比简历更丰富的信息量，而且更加真实，不像面试，因为面试是可以提前准备和表演的。对我而言，阅读这些内容就是在进行**单向面试**。

内容就有这样的功能：别人想了解你，可以通过了解你的内容实现。通常的 1 对 1 的面试，可以拓展成 1 对 100 的面试——只要你的内容能持续被人看到，你并不需要在场，别人就已经在了解你了。

互联网行业中一直有这样的故事发生。很多求贤若渴的老板，在知乎、微博或微信公众号看到有人分享的内容颇有见地，这些内容就会成为他们产生连接的关键。我知道的通过这种方式被发现的产品经理或者业务负责人，在腾讯、百度、滴滴、网易等公司中都出现过。

这样的故事可以发生在各个需要对对方产生信任的领域中。我们的健身教练、心理咨询师、营养师、医生、合伙人、代购、私教等，不都是我们潜在的"面试对象"吗？

比如播客"疯投圈"的主播黄海和"老范聊创业"的主理人范老板，他们都是投资人，通过长期在播客中的内容输出，让不少创业者对他们有了初步的认识，包括他们对行业的观察分析、对投资的理解和思考，也包括对他们个人性格的判断。如前文所言，这也是一种反向的"面试"，让创业者对自己与他们是否有相同的认知理解、自己是否认可他们的投资理念、自己是否愿意与他们接触等有了初步的判断。这大大降低了其进一步沟通的成本。

同时，由于有了行业内的个人品牌，他们在行业内也就有了一定的影响力，与其他投资人相比，他们在接触同样的优秀创业者时就有了"先天"的优势。

有这么一个说法：**再小的个体也有品牌。**的确如此。

凡是与人连接，必然需要了解对方。当面沟通、一起共事，是做出最后决策前必然要走的步骤，而在此之前，通过分享充满个人经验的内容来建立信任，是最为高效的方式。

好的内容可以持续获得足够高的曝光量，产生复利，复利沉淀到个人身上就能形成品牌，而品牌可以让人产生信任。这是一个理想的从内容到品牌的过程。

只做看起来有流量的内容，或者一些有噱头的内容，只能获得短暂的曝光，无法长期留住用户，也就无法产生后续的这些影响。

价值 3：个人品牌是专属于自己的资产

提到"资产"时，我们联想到的常常是金钱、房产这样的资产，因为人们通常会通过理财或者房产升值来获得收益。其实从定义来看，资产指的是有可能转化为现金的任何有价值的东西或有价值的资源。也就是说，能帮助我们赚钱的资源都是资产，包括我们的工作、人际关系等，只不过有的比较直接，比如一些理财产品，把钱放进去就有收益，而有的比较间接，比如我们的工作履历，它在一定程度上决定了我们能否找到工资更高的工作。

我之前和在互联网企业工作的朋友聊天时，发现大家普遍有这样一种感受：在工作中，我们很多时候并没有积累什么资产。在互联网飞速发展的时期，有过短暂的几年，人们的需求旺盛，我们每两年都能升职加薪，跳槽时薪资都按照 50% 的提升起步。然而，等供需回归均值，很多朋友蓦然发现，很多华丽的项目经验在别的行业中实际上并无大用，自己留在大企业也面临着激烈的零和竞争，在这种竞争中，人际关系和忠诚度反而更被看重。其实，工作的目的不是获得更多的工作，**工作的目的是过上更好的生活。**

从资产的确定性程度出发，从我个人的视角来看，不同资产的大致分布情况如图 1 所示。

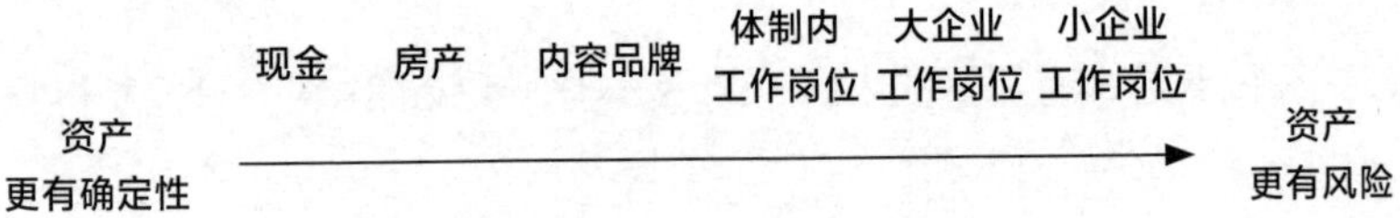

| | 现金 | 房产 | 内容品牌 | 体制内
工作岗位 | 大企业
工作岗位 | 小企业
工作岗位 | |

资产
更有确定性 ————————————————————→ 资产
更有风险

图 1　从资产更有确定性，到资产更有风险

当然，这个分布图并不是放之四海而皆准的，例如，有的城市房价不稳定，房产未必是确定性高的资产。不过，工作作为一种资产，其确定性已经变得越来越低。而内容品牌却可以伴随你离开任何一个平台，是专属于你自己的，对普通人而言，它可能是门槛最低、杠杆最高的一种个人资产。

我的内容创作简史

我从大约十年前开始在网络平台上创作，那时的主要创作平台是知乎。当时正是知乎从严肃的学术话题扩展到涵盖商业、社会和生活等多元话题的阶段，可以说知乎"破圈"了。我创作的内容是与产品经理的基础知识相关的，在当时有一定的稀缺性，也可以说我的运气比较好，在几年时间内，我成了知乎平台上产品经理领域的优秀回答者之一。我也因此有幸得到了几位出版社编辑的垂青，在之后的几年中先后出版了《从点子到产品：产品经理的价值观与方法论》和《产品思维：从新手到资深产品人》，它们有幸成了一些产品经理的"入行读物"。

2016 年左右，我转移到微信公众号平台上写作。微信公众号的内容分发形式，对创作者很有利。因为在这里，读者的订阅行为就代表着其对内容创作者的认同和信任。这正是一种品牌影响力的体现。

我的个人微信公众号"刘言飞语"得到了约 15 万名互联网从业者和一线城市年轻人的关注。我会在这里分享自己的行业见闻、产品思考和职场观察。我几乎不会转载别人的内容，这个公众号基本上成了我的"个人杂志"。作为科技垂直类目的个人自媒体，"刘言飞语"很令我意外地能够与一些知名互联网企业进行商业合作，这也成了我的一大块副业收入来源。

更让我意外的收获是，虽然我有本职工作，但每当我对合作方或者新朋友进行自我介绍时，最容易让我和对方达成共识的，往往是对方读过我的公众号文章。这样的创作成了我与人连接的一种很有效的方式。

2019 年，我又开始用播客这种新媒介进行创作。播客"三五环"关注的是城市中年轻人的工作和生活，我邀请过单立人喜剧的创始人石老板、前经纬创投副总裁庄明浩、世纪睿科时任执行董事李钧、企鹅吃喝创始人志伟、B 站 UP 主半佛仙人、相声演员田海龙等人一起录节目，他们有的是和我认识多年的老朋友，有的是我在知乎和微信公众号创作期间认识的新朋友。他们的观察和思考成了"三五环"的主体，这档播客受到了很多互联网从业者和一线"打工人"的好评。

2022年，我和大学同学、搭档潇磊开始更新播客"半拿铁"①，这是一档风格诙谐的非虚构叙事类播客，讲述我们自认为古今中外值得一听的商业故事，还引入了我们大学时期的共同爱好——说相声。这档播客成了2022—2023年成长速度最快的中文播客之一。与"三五环"（2021年）一样，它也成了苹果播客的"年度编辑精选"节目（2023年），它还是小宇宙App的2023年度热门播客（见图2）。

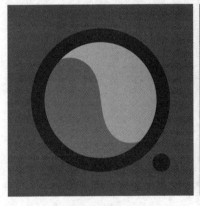

半拿铁｜商业沉浮录
2023年苹果播客年度编辑精选
2023年中文商业评论播客排行榜 TOP 10
2023年小宇宙播客大赏·年度热门播客
2022年苹果播客年度编辑精选
2022年度中文播客奖（CPA）商业类播客
2022年小宇宙播客大赏·年度新播客

三五环
2023年中文商业评论播客排行榜 TOP 10
2022年度中文播客奖（CPA）科技类播客
2021年苹果播客年度编辑精选

图2 "半拿铁"和"三五环"获得的部分荣誉

十年前，我的本职工作是产品经理，而内容创作一直是我的爱

---

① 该播客节目全称为"半拿铁｜商业沉浮录"，作者在本书中将其简称为"半拿铁"。——编者注

好，或者说副业。2021 年，我从互联网公司离职，开始创业。内容创作变成了我很重要的底气，这种底气源于，我能从内容创作带来的收益中得到基本的物质生活保障，同时，内容创作可以让我保持与各行各业朋友们的持续连接——别人能通过我的内容认识我，乃至信任我，这也意味着我能更顺畅地结识新朋友、获得意想不到的资源和帮助。

在创作过程中，我也结识了不少内容创作方面的朋友，例如半佛仙人、潘乱、梵一如、女流、姜 Dora 等，他们创作的内容横跨多个平台。他们的故事和经验为我补充了很多对内容创作和品牌塑造的认知。

这就是我的个人创作简史。

在本书中，我不仅会从自己的个人经历中总结经验，也会从他们的经验中寻找共性。这些共性体现了内容创作的价值和意义，其中的很多部分或许与大众的普遍认知并不相同。而这正是我创作本书的初衷。

从内容到内容品牌，你要知道的三件事

营销专家卡罗琳·福西（Caroline Forsey）说，人人都是内容创作者。你可能会认为这只是宣传话术。凭什么人人都需要内容品牌？明明是那些想在网上成名的人才需要吧，明明是那些想要直播带货的人才需要吧。

当然不是。

举个例子。假设你通过朋友关系加了一个茶叶店的老板为好友，虽然和他不熟，但你常常能看到他在朋友圈中分享自己对茶叶的认知和看法，你就会自然而然地觉得他靠谱；他在小红书发布的内容质量也不错，你翻了翻评论区，更是有不少好评。说起来，这些内容可能没有太多流量，但你想在他这里买些茶叶尝尝的可能性是不是提高了？

再假设，你正在寻找投资人，每次约见一个人，聊了半天，你也很难参透对方的内心想法。你可能一直在想：他会不会想快速套现？他会不会对我的产品还不熟悉？他会不会压根儿不了解我的想法？

但如果一个投资人在社交平台上分享过他对过往项目的反思和总结，你有这些材料可以阅读和观看，你是不是就能对这个投资人有更深刻的认知？在正式见面之前，你是不是就可以说自己已经对对方有一定的了解了？

反过来说，如果你开茶叶店、你做投资人，这些就是内容的价值场景。"内容即品牌"之于每个人都足够有价值，只要满足一个条件——**要与社会上的人产生连接**。

在公司里工作，你与上司、同事、合作伙伴连接，同时也与雇主连接。未来，你会与潜在的雇主连接，你的内容塑造出的品牌会在连接时发挥重要作用。如果你是个体户、自由职业者（像我这样），或者在经营自己的工作室、小店铺等，品牌的价值就更加重要了。

那么，该如何做好内容，提升品牌价值？请记住三件事。

第一，内容与内容不同，有价值的好内容是有"溢价"的。

我们在判断内容的好坏时，很容易会被单纯的曝光量所影响。很多内容创作者都会追求曝光量最大化，认为这就意味着"火"、意味着"成功"，在微信公众号追求的都是"10万+"[①]（公众号文章阅读量达到10万以上就不显示具体数字了，"10万+"被认为是爆款文章），在微博追求的都是上热搜。这真的是衡量内容好坏的唯一标准吗？我以前对内容之间的差异是没什么概念的，以为这些数字就是唯一标准。

直到后来，我真正处在行业内了，才知道内容与内容之间是有差价的。这个差价直接体现在商业合作的报价上。

例如，一篇公众号文章，是情感生活类的内容，摘抄了不少网络段子，拼凑了很多搞笑的网图，阅读量看似不低，有的能到"10万+"，但其接到的广告商单报价往往并不高，可能只有1万元，平均算下来，一个阅读量可能只值不到0.1元。

相对地，另一篇公众号文章，是关于科技分析洞察的，文字老练、内容扎实，信息是独家的、观点是深刻的。这篇文章的阅读量看起来并不高，也许只有1万，却能接到报价高达10万元的品牌宣传商单，每个阅读量的价值平均计算下来可以高达10元。

这种现象，代表的就是好内容本身产生的"溢价"。这种溢价通常不是单一内容带来的，而是创作者在长期的信任积累中得到的。创作者的内容产生了一种"品牌"效应，不管是读者还是商业合作方，对它都有很强的信任，因此产生了"内容品牌"，这正是本书想讨论的核心逻辑。

[①] 微信在公众号文章末尾展示其阅读量时，使用的表述就是"10万+"，为保持一致性，本书中也使用"10万+"的表述。——编者注

第二，内容创作产生内容品牌，会带来超出预期的影响力价值。

许多内容创作者只追求多做内容、多获得曝光量和声量，一个潜在的原因是，他们认为这样能追随主流，乃至赚到"快钱"，而这才是内容创作的直接目的。

实际上，内容创作产生的影响力，乃至塑造的内容品牌，会带来很多超出预期的价值。这些价值未必不能转换为物质的收益，而且它们常常比物质收益更加宝贵。

我与自己在滴滴出行时的老领导俞军老师认识，是通过我的第一本书《从点子到产品：产品经理的价值观与方法论》，那次相识是我职业生涯中的重要时刻。我开始在消费品行业创业时，能够与躺岛、企鹅吃喝、三顿半等品牌的创始人接触，并且和他们进行深度交流，也是因为他们都听过我的播客，认同我的产品观念。

通过内容结识的朋友，往往都是有共同语言和共同价值观的，大家在某些维度上能够相互增益、共同成长。我从 flomo 浮墨笔记[1]的联合创始人少楠身上学习产品价值与成本意识的博弈，从石老板、姜小黑等喜剧演员朋友身上学习做喜剧内容的方法，从李永浩、也谈钱等财务自由的朋友身上学习理财观念，从三顿半创始人吴骏身上学习对品牌的理解……这些收获显然超出了一些简单的副业收入的价值，它们重塑了我的工作和生活。

内容就是行走的简历。通过内容产生的品牌，如果沉淀到个人身

---

[1] "flomo 浮墨笔记"是一款旨在帮助用户记录与整理想法的笔记软件。下文将其简称为"flomo"。——编者注

上，就成了个人品牌。持续沉淀的个人品牌，能让我们与过去难以产生连接的人平等对话，也能大幅降低我们的关注者们对我们的信任成本。

第三，内容品牌并不是自媒体的专属。

很多朋友可能会问："自媒体已经是你的副业了，你自然需要认真研究内容和品牌，可是我并不打算做自媒体，我需要它们做什么？"

其实，做内容的目的未必都是做自媒体，有品牌的结果也不是成为网红、做直播乃至带货。

正如前文所言，在互联网时代，内容品牌就是一个人行走的简历，是其用来确立自己的社会身份和与人社交的工具。开始内容创作至今，能够低门槛与人结交依然是它给我的最大正反馈。即使没有物质压力，内容创作这件事我也会持续去做、毕生去做。

过去在互联网上创作内容，门槛是很高的。无论是个人网站时代、个人博客时代，还是天涯、知乎和公众号时代，都要求创作者有好的文本表达能力和语言组织能力。而今天的平台丰富多样，内容形式也不再局限，人人都有智能手机，可以进行基本的内容制作和处理。

另外，内容的传播也不再需要复杂的方法。只要内容是好的、稀缺的，算法就能让内容传播出去，找到与其真正匹配的读者和观众。

这些变化让内容创作变成了一件人人都值得考虑尝试的事情，而不是一种专门的职业。就像在过去，"上网"还是一件小众的事情，是一种兴趣爱好，而今天，不会有人再提自己有没有在"上网"，因为我们时时刻刻都在网上了。

从出现朋友圈、小红书这样的平台开始，大多数人的内容创作就有了创造价值的机会，有了做出有溢价的好内容的机会。

也许你并不是知名互联网企业的员工，也没有当分析师的朋友，没办法做商业分析相关内容，但你即使只是普通的餐厅经理，是不是也有能分享的生意观察？你在工作中积累的经验，是不是也对别人有益？这些观察和经验，就是能让你在垂直领域产生影响力的机会。持续的高质量输出可以让你成为小圈子中的意见领袖，接下来等待着你的可能就是更好的工作机会、更多的同僚交流……好内容是能够创造这些可能性的。

无论你是健身教练还是财务会计，无论你是大学教师还是酒店经理，你在工作生活中积累的经验都可以通过内容输出形成自己的个人品牌，进而让你从它带来的影响力中获益。

理解什么是好内容，学会做出好内容，让好内容能够产生影响力，让可持续的影响力塑造品牌，让品牌创造独特的价值——用一句话总结本书的主旨，就是这样了。

此外，我还会在书中详细拆解打造内容品牌最核心的三个公式，它们分别是：

- 好内容 = 共鸣（Resonance）× 效率（Efficiency）× 舒适（Comfortable）× 有用（Helpful）
- 做出好内容 = 擅长 × 热爱 × 差异化 ×（形式和平台）匹配
- 形成好的内容品牌 = 好内容 ×（可持续 + 好机会）

有时，禁忌清单（stop doing list）比待办清单（to do list）还要

有效。除了介绍做出好内容、打造品牌的方法，我还会分享创作内容时常见的误区和我的一些忠告，包括以下几点：

- 蹭热点可以，但要保证潮水过后，用户还能记得你；
- 不要完美主义，草率的开始，胜过深谋远虑的蛰伏；
- 不要只关注表达自己有多厉害，不要只关注内容本身有多优质，要关注内容对用户来说有没有用；
- 不要频繁切换创作的平台、创作的主题和创作的方式，尽可能等"撞到南墙"了，再掉头拐弯。

更多的内容，我会在后文中展开讨论。

内容创作其实并没有想象中那么复杂和痛苦，它更像是一次有趣的、充满愉悦的旅途。你可以把读这本书当作一次与老朋友的对话，希望我的这些经验和分享，能够为你带来启发，也能成为你旅途中的陪伴。

前言
内容是普通人能撬动的最大杠杆

在《纳瓦尔宝典》[①]第一章的"找到杠杆"中，硅谷知名天使投资人纳瓦尔有以下几段论述：

- 在现在这个时代，杠杆无处不在，真正的求知欲所带来的高经济回报前所未有。

- 一种杠杆是最新出现的，也是普通人最触手可及的。这种杠杆就是"复制边际成本为零的产品"。

- 不要再把人分为富人和穷人、白领和蓝领了。现代人的二分法是"利用了杠杆的人"和"没有利用杠杆的人"。

- 新一代富翁的财富都是通过代码或媒体创造的。

- 新杠杆最重要的特点之一就是，使用它们或获得成功都无须经过他人的许可。

- 对利用杠杆的劳动者而言，判断力的重要性远超投入时间的长短和工作的努力程度。

---

① 埃里克·乔根森. 纳瓦尔宝典［M］. 赵灿，译. 北京：中信出版社，2022.

这里提到的杠杆是一个抽象的概念，指的是通过一些手段，让我们的付出得到的回报能翻倍甚至指数级地增长。对现代人来说，复制边际成本为零的产品就是这样的杠杆。

比如，内容。纳瓦尔提到的另一个杠杆"代码"未必适用于大部分人，把内容作为杠杆，则适合几乎所有可以分享有价值经验的人。可以说，内容是当代人能撬动的门槛最低、效果最好的杠杆。

内容的杠杆效应主要体现在三个方面：

- 低成本的生产；
- 边际成本几乎为零；
- 在创作者身上产生复利。

01 低成本的生产：一部手机就能起步

对内容创作者来说，生产资料是天然存在的。我们日常就可以进行基础的内容创作。

如今，用一部手机，就可以制作最低成本的短视频、长视频，可以录播客，也可以写文章。大多数职场人士的笔记本电脑，也可以满足大部分文档编辑、音视频剪辑的需求。

做内容创作的这些年，我进行文字创作和音视频剪辑就用个人电脑，只有录音的设备算专项支出，开销大概是 3000 元（见图 3）。

内容的托管目前在各个平台上都是免费的，上传文字、音频、视频并不会有额外的支出。许多内容平台为了降低创作者的创作门槛，也提供了简便易用的创作工具。

图3　我日常使用的一套播客录制设备

在今天，想录播客、拍视频，用一部手机就能快速尝试起来；想写脚本、改稿子，腾讯文档、飞书文档等在线文档工具能够满足多端实时同步的需求，还能让我们与合作伙伴一起协作；通义听悟和飞书妙记可以帮助播客主播整理音频文稿；一些 AI 工具可以用来生成简易的海报和设计元素……随着电子设备性能的持续迭代、工具的持续优化，内容的制作成本只会持续降低。

02　边际成本几乎为零：依靠自然传播

试想一下，你有很多经验可以和别人分享，你选择的方式是在咖啡馆，一对一向人讲述。这样两小时讲下来，也许对方觉得颇有收获，说明你的这次分享是有价值的。然而，当你下次再向其他人分享时，你依然要付出两小时的时间成本。

如果你把自己的经验录制成播客节目，让播客在互联网上传播，有需要的人就可以自行收听。你的内容在你录完节目之后的任意时刻都可以产生价值。每次它被人听到，你都不需要付出额外的劳动。基本上，**每次内容被消费，你都没有任何边际成本**。

这得益于传播成本的大幅降低，以及内容消费门槛的大幅降低。**任何一条好的内容，原则上都可以在发布几分钟后，出现在上网人群的面前**。

从 1994 年网景浏览器（Netscape）诞生到 2007 年 iPhone 发布，内容在人类社会中的传播速度就在以指数级的程度提升。网景浏览器大大降低了普通人上网的门槛，iPhone 则大大扩展了上网人群的规模。[①]

起初人们要发布自己创作的内容，需要自己建站，要有服务器；后来出现了博客，长文章内容可以被 RSS 订阅；再后来出现了微博和微信公众号，但内容的扩散传播依然需要创作者持续努力；而如今的内容平台，则可以用算法判断内容优劣，将其精准快速地投放到观众面前。可以说，无论是内容寻找读者，还是读者寻找内容，如今的时代都是成本最低的时代。

传播方面还有另一项成本在降低，就是**好内容天然就有被传播的潜在价值**，可以通过微信群、朋友圈和小红书的关注关系等，在无数小圈子之间快速传播。

当然，内容平台之间的割裂（微信、小红书、抖音、淘宝等 App

---

① 沃尔特·艾萨克森. 创新者 [M]. 关嘉伟，牛小婧，译. 北京：中信出版社，2017.

是独立和相互隔离的）制造了一定的传播成本，但并不妨碍好的内容跨平台制造话题。因为，不同 App 背后的使用者，可能是同一批人。

接下来，内容的消费会更多依赖互联网。从"90 后"开始，在家居中置办电视已经不是"标配"了（或者，即便有电视或投影仪，也是用来投影手机内容的），"00 后"更是互联网"原住民"，对他们来说，信息就是互联网，互联网就是信息。

这些变化都会让内容在被创作出来之后，能够快速触达任何一个目标用户，并且持续不断地创造价值。除非专业团队要用投放和购买流量的方式传播内容，否则在多数情况下，创作者都可以通过内容的自行传播获得价值，其中的边际成本可以忽略不计。

03　在创作者身上产生复利：沉淀影响力

过去，互联网上的内容传播很难在创作者身上产生复利。而今天，**内容的影响力可以在创作者身上沉淀。**

试想一下，假如在古代，你是一位很厉害的作者，你创作的内容流传天下，人们纷纷复制传阅，确实产生了很大的影响力。但是，说到你个人品牌的塑造，它的路径很长，时间很久，甚至可能会成为身后事。常常发生的情况是，大家并不认识你，也不知道你在哪里。很多作者都是去世后才得到肯定的，人们甚至都不确定很多作品的作者是谁。

如今，你只要说一句"我的公众号／B 站／小红书账号是 ×××，可以关注一下"，就能让认同你的人与你快速产生连接。想要联系你的人，通过私信就能摆脱时空限制，立即联系到你；想要关注你的人也能摆脱时空限制，立刻找到你最新创作的内容。

内容传播和内容积累关注的速度之快，是前所未有的；别人对这些内容产生的认同积累到作者身上的速度之快，也是前所未有的。好的内容能让人认识你，并且连接你。

为什么在那些有关注关系且用户更愿意通过关注关系消费内容的媒介和平台上，比如播客、微信公众号，会更容易出现内容品牌？原因就在于——**内容可以沉淀在创作者身上，于是创作者就有了品牌。**品牌会持续成长，产生复利，由此，品牌不再是只属于组织机构的特权，它在个人身上也能产生品牌效应。

即使是只属于一个人的品牌，即使是只服务十几个人的品牌，也能够成立。

你可以是一名健身教练或理发师，通过朋友圈维护着身边的十几个客户，他们认可你的专业度、信任你的手艺，每次都来找你健身或理发；你可以是一个小红书的"买手"博主，对生活方式有自己的品位，有上百个忠实的关注者很认同你的推荐，你能通过帮助他们发现有用的产品获得回报；你也可以是一位主播，拥有一个不那么起眼的付费播客节目，但有上千人愿意为它持续付费，每个月都订阅收听。

这些"小"的内容创作都能形成品牌。在更大的规模下，品牌自然会有更大的成立空间，二者并不冲突。

我们可以把用户的内容消费能力类比成一个玻璃瓶（见图4）。一个人分配给内容的注意力有限，投入的时间也有限。那么，在玻璃瓶里，既会有大的石头块（比如大众消费的内容品牌，以及那些权威的杂志、官方媒体的账号和每个平台最知名的自媒体等）——它们代表的是大众的、普适的需求，也会有更小的石块和沙砾（比如小的内容品牌，包括我们熟知的一些体量小的自媒体、关注者比较少的博主，甚至通过朋友圈和微信群认识的身边"懂行"的朋友等）——它们代表的是小众的、差异化的需求。

图 4 把用户的内容消费能力类比成一个玻璃瓶

我们会通过"大石块"了解政策解读、最新款的 iPhone 评测和刚发生的社会新闻；同时，我们也会通过"小沙砾"了解各自的兴趣爱好——可能是一张某歌手的二手黑胶唱片的行情，可能是菲律宾潜水的目的地推荐，可能是关心的电竞战队获胜的喜讯，也可能是哪个品牌的电饭煲更好用……它们是互相不可替代的，都有各自的价值。

这种品牌生态在逐步从倒金字塔形变成纺锤形的现象，并不只是内容创作独有的。密德萨斯大学商学院教授伊万·谢泼德（Ifan Shepherd）就指出：**大多数人在构建个人品牌框架时，都会借鉴主流品牌的概念。**通过产品建立的消费品牌的逻辑，和通过内容建立的个人内容品牌的逻辑，是近似的。

长期观察市场品牌领域的刀姐 doris 表达过这样的观点：

> 未来可能不会再有类似宝洁的机会——做大众消费品，面向消费者公约数最大的需求。但是，未来可能会出现很多个露露乐蒙（lululemon）——做垂直领域消费品，面向每个垂直领域的人群做到极致。[①]

因此，有很多品牌值得我们关注，比如做奥特曼卡牌的卡游、做原叶茶的佰朔（BASAO）、做折叠自行车的 Brompton[②] 等。它们已经融入了各自用户群体的生活，但对其他人而言，他们可能都没怎么听说过这些名字。可见，在供给极大丰富、消费渠道足够多样化的时代，任何品牌只要维护好自己的渠道，就能产生长期的品牌效应。

只要找到自己的关注者，再小的个体也能有自己的品牌。

[①] 参见播客"三五环"第 86 期，"No.86 串台 | 温柔一刀：泡沫退散的新消费和非大厂叙事"。
[②] 在提及外国品牌、公司、工作室等时，有官方中文译名的品牌或机构，本书使用其中文译名，而没有官方中文译名的品牌或机构，本书则保留其外语原名。——编者注

上篇

长期主义者的内容创作方法论

第一章
成就好内容的 RECH 原则

什么是好的内容？

有一种定义是，内容指的是通过某种媒介表达的东西，形式包括网站、博客、文章、摄影、摄像、社交媒体等，用于自我表达、发行、营销和出版。

我们创作并发布在任何媒介上的作品，都可以被视为内容。我们每天看到的文章、视频，听到的音乐、播客，无论是在抖音、微信上，还是在小红书、B 站等平台上，它们都是不同的内容。

不过，内容与内容之间有很大的差异，就像几个杯子中装的都是液体，一杯可能是琼浆玉液，另一杯可能是致命毒药，还有一杯可能是寡淡白水。

我根据自己的经历和对身边的观察，总结出了衡量好内容的 RECH 原则：

好内容＝共鸣（Resonance）× 效率（Efficiency）× 舒适（Comfortable）× 有用（Helpful）

在我看来，它们的重要程度是自右向左依次递增的，接下来我会进行逐一论述。

01   有用（Helpful）：
从三个维度满足用户需求

用户为什么来消费你的内容？需求是一切的开始，成功满足用户的需求，就等于创造了价值。

创作内容时，到底怎样让价值最大化、怎样更好地满足用户的需求？我们可以从三个维度考虑：

- 内容本身是否解决了用户的问题；
- 内容是否长期有价值；
- 内容满足的是浅层的还是深层的需求、大众的还是小众的需求。

内容维度：建立用户视角，区分内容与物料

知识类的内容，会让用户有"直接学到了什么"的成就感；很多情感类的视频、文章和播客，能让用户产生共鸣，陪伴其度过精神内耗的危机；对行业的分析和相关内情，可以提供独到的信息和判断；搞笑类的短视频，可以让用户打发时间……我们能在这些内容背后找到其针对的用户需求是什么。

我曾经听过一些播客，主播们没有提前准备，也没有围绕特定主题聊天，想到哪说到哪，内容飘忽不定，有时表达情绪，有时讲个小故事，有时谈论观点，让听众云里雾里。这些主播抱怨节目收听率不高，却没有意识到问题出在内容上。不是音质好、信息量大的内容就一定是好内容。内容能否满足听众的需求、能给听众带来什么价值，

这是我们需要解决的最重要的问题。

创作者只关注表达自己的内容，未必不是好内容，但没有满足用户需求的内容，一定不是好内容。

对产品经理来说，需求是一个宏大的命题。我从业十年，也很难描述到底什么才是用户需求。不同场景下、不同形式下的不同的人，其需求千变万化，不胜枚举。考察用户到底需要什么，是最考验产品经理的功力的。在内容创作上，读者、观众或听众是用户，创作者就是产品经理，道理相似。

任何一个行业、一款产品，甚至一篇文章，面向的用户需求如何，是需要专门考察的。比如，网约车平台的用户需求是什么？如果要枚举，可以列举出无数个：价格便宜、叫车速度快、司机不绕路、车内干净整洁、司机态度好、行程足够安全……很多需求是隐藏在"水面"之下的，用户不会主动讲，比如"我需要司机不是坏人"。但我们都知道这是必要条件。

下面，我以自己熟悉的几档播客为例，解释一下它们是如何在内容方面回应用户需求的。

锁定目标用户

"疯投圈""乱翻书"这两档播客都以商业为主题，类型偏专业，前者的主播黄海是投资人，后者的主播潘乱是互联网行业前从业者，他们会用更专业的视角提供行业内的洞察，邀请到的嘉宾在播客圈中都有独特性。这样的内容满足的用户需求是获取专业信息和观点，其听众大多是这些行业的从业者，或者关心这些行业的人。信息密度大、信息准确、观点犀利往往是用户对节目的要求。

其他行业也有类似的垂直类目播客，例如，"电影巨辩""没折腰FM"就是关注影视娱乐行业的专业播客，"知行小酒馆""三点下班"属于财商类的专业播客。主播们有多年相关行业从业经历，提供的信息和观点往往都是差异化的，听众能从节目中获得新的认知和体会。

"声动早咖啡"这档精心制作的播客很像我们在广播电台时代熟悉的早间新闻播报。编辑老师们认真收集资料并撰写文稿，为听众呈现时效性很强的新闻片段。这样的内容满足的用户需求就是获取资讯，听众对实时新闻的关注和好奇，未必与其工作内容有关或有实际效用，但这是长期存在的人性需求。

"谐星聊天会""不开玩笑""正经叭叭"是典型的喜剧类播客，主播们基本上都是单口喜剧演员。这类播客满足的用户需求直接又简单：听到好笑的内容。包袱的密度与质量代表着节目的质量。而在单纯的好笑背后，这些节目如果能用没有距离感的生活话题让听众产生共鸣，甚至为听众进行一些"心灵按摩"，就是在满足更深层次的用户需求。"谐星聊天会"经常触及职业话题、家庭话题和情感话题，我自己也常常能从中获得安慰。

"纵横四海""无人知晓"等关注个人成长的播客，则在大家面临精神焦虑甚至生存焦虑时大受欢迎。它们并不会用鸡汤语句单纯地激励听众，或者用暴虐和阴阳怪气的话术来单纯骂别人图过瘾，而会用有逻辑支撑、有知识基础的深入分析，让听众意识到世界的随机性、意识到我们在生理和心理上面临的真实问题，让听众在自我反思中更好地成长。用户从中得到的是安慰而不是廉价的口号，是更冷静和自洽的一种共鸣。

图 1-1 展示的是我订阅的部分播客。

图 1-1　我订阅的部分播客——多样化的播客背后代表着不同的用户需求

很显然，不同类别的人群在需求方面有很大的差异，各有特色。如果在不清楚自己能满足怎样的用户需求的情况下就贸然模仿某类播客，一个创作者提供的就未必是真正对用户有用的内容。比如，在需要情感共鸣的用户面前表现得过于轻佻，恐怕会引起用户的反感；在需要信息和观点的用户面前插科打诨、乱抖包袱，会显得不够专业。

区分内容与物料

有些人认为，互联网上的内容既然是免费的，劣质一点就没有关系，就像随意做出一个产品一样，能用就行。但其实，互联网媒体行业与图书出版行业、传统媒体行业一样，其本质并没有发生变化，逻辑依然是通过好的内容吸引用户并获得收益。

好的内容和好的产品一样，是面向用户的，要满足用户的需求。好的产品有更高的溢价、更强的生存能力，好的内容也能有更高的溢价、更强的生存能力。

好的内容，其创作者自然也有被看到之外的诉求。如果这种诉求是让用户关注自己的产品或服务，这也无可厚非。只是，有的内容由于创作者对自己诉求的表达太激烈，完全忽视了用户的真实需求，结果沦为了所谓的"物料"，只起到了宣传的作用，并没有满足用户的需求。对内容创作者来说，"物料"是我们要规避的概念，"创作物料"是我们要摒弃的创作思路。

内容与物料最主要的区别在于：**内容是面向用户的，而物料是面向转化的。**内容在被用户消费后就完成使命了，而物料在被用户消费后还被期待着产生额外的转化。

面向用户的内容，最终目的是被消费。用户看视频、听播客、读文章，就是在消费内容。在被消费后，内容就完成使命了。例如，一本小说的目的是让读者在阅读后产生共鸣；历史上的文人骚客在创作出诗文后，也往往期待它们能流传百世，为人传诵。

而有些内容不只是面向用户的，可能还带有其他目的。作者在创作物料时，并不仅仅期待物料被看到、被理解，还期待物料能有进一步的转化，让读者、听众或观众在关注到物料之后，被转化到另外的产品或者服务上。比如海报，虽然上面也有信息，但这些信息可能是折扣优惠、活动介绍等，是为了让用户在阅读海报后购买产品或参与活动。

当创作者带着明确的转化用户的目的做内容时，很多行为可能就会变形。

比如，很多文章和视频被称为"标题党"，所谓的"UC 震惊体"[1]就是典型的代表。这种文章和视频会用标题作噱头，夸大事实，博取眼球，把人"骗"进来。等读者和观众真正点进去看到所谓的内容时，就会发现其中几乎没什么信息量，或者文不对题。而对这样的作者来说，如果只关注曝光量，其目的就已经达到了。

很显然，这类目的在于转化的物料是很难积累信任的，并且还会消耗过去积累的信任。这种内容没有满足用户的需求，更不会转化为信任。

美国知名户外品牌巴塔哥尼亚（Patagonia）80 多岁的创始人（也是实控人）伊冯·乔伊纳德（Yvon Chouinard）在 2022 年 9 月正式宣布，把价值数十亿美元的巴塔哥尼亚公司捐赠出去，而且史无前例地捐给了"地球"。他将股票捐赠给信托基金和非营利组织，致力于环保等事业。

这一举动引起了热议，也给很多公司和品牌带来了新的冲击，让

---

[1]　即 UC 浏览器上曾经流行的一种文章标题风格，均以"震惊！"开头。

巴塔哥尼亚成了一种独特新品牌的标杆。这不是巴塔哥尼亚第一次在品牌上带给大众冲击了。很多年前，巴塔哥尼亚在海报、产品手册等各种宣传资料中，就体现出了内容与物料的完美融合。

巴塔哥尼亚在早期的产品宣传手册中，花了很多精力，用很长的篇幅反复论述干净攀岩（Clean Climbing）的理念，同时推广其岩塞产品。[①] 这源于其创始人乔伊纳德在攀岩时发现的问题：攀岩钉会损坏岩石，乃至破坏环境。他先在产品手册中论述了这一理念和新产品的价值，再推广公司出品的岩塞（见图1-2）。产品手册也制作精良，可以与一些正式出版的杂志相媲美。这样的手册，就既是物料（能够有效产生用户对产品的购买转化），又是内容（即使不购买产品，用户也获得了对环境保护的新认知和新理解）。虽然已经过去了很久，

图1-2　乔伊纳德最早的产品目录之一

① 伊冯·乔伊纳德. 冲浪板上的公司 [M]. 沈慧, 译. 杭州：浙江人民出版社，2017.

但如今这些内容仍被该品牌的拥趸津津乐道。

接下来还有一个案例。

假设有一个知名的篮球运动员,他在短视频 App 上开直播,喜欢他的人不少,他就开始考虑带货卖肉松饼。可是,肉松饼和他的篮球运动员标签有什么关系呢?没有什么关系。肉松饼卖得再好,也只能证明他的流量够大、转化用户的话术设计得还不错而已。

再假设这个知名的篮球运动员依然是在短视频 App 上开直播,他会讲一些运动方面的内容,比如篮球训练的心得、健身和膳食搭配的方式、体育文化的历史等。这些与他专业身份相关的内容能够让用户产生信任,接下来他就可以通过开设篮球训练班、培训课,甚至自己做消费品牌的方式和用户建立更有价值的连接。

早年间,匡威公司的灵魂人物查克·泰勒(Chuck Taylor),就是依靠他在全美各地的篮球"传道"、在体育馆和青年会开设篮球培训班、创办杂志等方式,成功树立了强大的品牌形象,让匡威独霸美国篮球领域几十年。[①] 如今,在购买匡威的经典款帆布鞋时,我们还能在鞋上看到他的名字(见图 1-3)。

图 1-3　在匡威全明星球鞋上,
查克·泰勒的名字清晰可见

① 黄贺,草威. 22 款传奇球鞋的前世今生 [M]. 北京: 中国财政经济出版社,2022.

想要做到"物料即内容"并不容易。根据我对各个内容平台的观察，凡是明确的广告，在点赞、评论、分享等代表用户欢迎程度的数据上的表现都明显不如其他内容。想要平衡用户的需求和创作者的转化需求，一般来说是比较难的，要做取舍。

"有用"是用户视角的判断

"有用"是从用户视角出发的，千万不要用创作者视角思考这个问题。内容到底有没有用，不是从创作者的角度或者内容本身出发来做出判断的。

举个例子，假设我们做的内容是量子力学中冯·诺伊曼无穷链的叠加态的纠缠现象。这个内容有价值吗？在科学意义上，它可能是有巨大价值的，但我们的大多数用户需要这个吗？其实并不需要。

另外，很多内容创作者会以个人付出的成本为标准来评判内容的价值。比如，把过去几十年工作的经验，即所谓用毕生的"功力"凝结成的方法论分享出来，自以为能收费两万元，但这样的内容一定有市场吗？恐怕很难。任何方法论，越深入、越细致，其实就越难覆盖更多用户。

如果我们进行的是艺术创作，也许可以不考虑受众对象。但内容创作并非如此，它既是个人的表达，又是一种特殊的用户产品，没有用户的喜欢，内容就无法存在。

所以，考察"有用"与否，始终要从用户视角出发。好的内容创作者，未必都是专家，但一定是**内容的工匠**。

对于前面提到的量子力学的例子，如果我们依然对这个主题有很强的表达欲，或者有很强的社会责任感，想向大众普及相关知识，又或者认为自己只在这方面足够专业、别的领域无从下手，那么也可以尝试着重新思考，怎样讲述这些内容，能让用户更容易接受。这就是后文会提到的"提升舒适度"或者"产生共鸣"的方法。

我很喜欢的科普作家曹天元的《上帝掷骰子吗》、历史作家当年明月的《明朝那些事儿》，这两本书都以精彩的故事、通俗的表达、顺畅的阅读体验大受欢迎。这样的内容，就是我心目中优秀的内容产品，虽然它们未必比论文严谨、未必取得了开创性的成就，但它们在相当大的程度上为向大众普及相关知识做出了巨大贡献。作为作者，他们也收获了相应的正反馈——无论是物质收益还是精神收益。

时间维度：锁定用户不会轻易改变的需求

从时间维度去判断内容给用户带来的价值是个好用的方法。这需要我们思考：用户的哪些需求是长期的、不会轻易改变的呢？

我在用各种媒介创作内容多年后，发现不同类型、不同话题的内容，它们的生命力是不一样的。常有年轻的朋友告诉我，我写过的一本书里的几句话让他们在职场中面对困境时茅塞顿开。也许这几句话讨论的是很小的一个问题，例如怎样判断需求的优先级，而这些内容可能是我在 2016 年写的。虽然已经过去了很多年，但这些内容依然能够帮助对方。

类似地，"三五环""半拿铁"等都不是时效性很强的播客，聊的话题无论是商业故事还是职场感悟，都是可以穿越一段时间的。时不时会有朋友向我表示，"三五环"早期节目中某个嘉宾的某个观点让他们受到了启发，仿佛"人生柳暗花明"。从数据上看，"半拿铁"的每一期节目每天都还有几百人在收听，它们在以几乎为零的边际成本持续创造着价值。

这些例子证明，如果内容创造的价值可以穿越一定的时间周期，它们就能产生更大的价值。

每个内容的生命周期都是有限的，从内容的关注度数据看，其必然体现为一个走势向下的抛物线。如果用半衰期来形容，很多互联网媒介的内容往往在发布一周后就丧失了一半以上的价值。有个关于互联网的段子是这样说的：如果你特别害怕错过互联网上的热点，就两天别上网；如果两天不够，那就四天别上网。这是因为，热点类的内容往往会以天为单位地迅速过时，随后便被新的热点取代和淘汰。

可是，为什么我们常常会翻出周杰伦的老歌听、会翻出《老友记》和《武林外传》这样的电视剧看、会翻出《教父》和《指环王》系列电影看呢？因为这些经典作品都是极为优秀的好内容，它们可以穿越很长的时间周期。

我们未必有条件和能力创作出传世的经典作品，但如果我们做的内容仅能维持一个星期的生命周期，那么它就很难称得上是优质内容。

"三五环"有一期节目的嘉宾是网易云音乐社区产品的前负责人苏青阳[①]，我和他聊到了小红书如今能变成"新的搜索引擎"的原因

[①] 参见播客"三五环"第 115 期，"No.115 对谈苏青阳：小红书是搜索引擎还是兴趣社区"。

之一——小红书上的内容未必都在追求时效性和快速曝光。这与小红书的战略方向有关，相关负责人在产品设计上强调和鼓励的是用户乐于"收藏"的内容，而不是用户乐于"点赞"的内容。"收藏"就是与"点赞"这种冲动性的行为完全不同的行为，它意味着相关内容是可以穿越一定的时间周期的。

当我们收藏一道菜谱、一篇出国的攻略、一个改装书桌的建议时，我们是期待未来能够随时取用它们的。它们的价值并非只停留在当下，而是面向未来的。这就让内容的时间周期拉长了。

由此，小红书也成了一个独树一帜的社区、一个显著区别于其他平台的内容平台，这里有丰富的生活技巧分享、兴趣爱好分享和垂直领域的经验分享，而不只有在十几秒内就要调动用户情绪的短内容。

对用户来说，半衰期足够长的内容意味着其价值能够穿越更长的时间周期。对创作者来说，拉长内容的半衰期，正是我们降低边际成本的有效手段。

试想一下，我们创作出了非常优质的内容，但在一周后就鲜有人知，那么，这些内容除非在前几天有极强的"爆发力"，否则就太浪费了。

这里还要提醒的是，不同的内容品类之间并不存在明确的"鄙视链"，比如什么样的品类一定有较长的半衰期、什么样的品类一定没办法成为经典等。

正如经典的喜剧电影也能穿越很长的时间周期一样，搞笑的段子并非只能被做成两天就过气的短视频，而是也可以变成反复被翻出来、被大家津津乐道的短视频。例如，papi 酱就是这样的一个博主，她的视频每次都让人眼前一亮，不是千篇一律的，更不是只追赶热点的。看完之后，观众还能回味许久。这是她能够穿越时间周期，一直活跃在喜剧领域的原因。

在中文播客中，"谐星聊天会"是一个特别的存在，它作为喜剧类播客的标杆，包袱响亮、内容扎实，就像郭德纲的相声一样，让人听完还想再听。更重要的是，主播们会围绕生活化的主题，关心当代人的真实困境，让听众在他们对这些现状的调侃之中产生共鸣。节目的主题涵盖消费主义、情感困惑、职场焦虑等，可以说是一种真正的"精神按摩"了。

说到底，内容要足够好、内容面向的主题要能穿越时间周期，而不只是博眼球和搞噱头，这样才能在更长的时间范围内满足用户的需求。

价值层次维度：内容影响力 = 覆盖人群 × 对用户的影响力

做内容时，我们还要考虑到：**好内容创造的价值更深入，而不会只浮于表面。**

在名人传记中，我们偶尔能看到一部作品对一个人的影响有多大。

这是 2023 年出版的《埃隆·马斯克传》[①] 中的一段话：

在他求知欲旺盛的年纪，对他影响最大的科幻作品是道格拉

[①] 沃尔特·艾萨克森. 埃隆·马斯克传 [M]. 孙思远，刘家琦，译. 北京：中信出版社，2023.

斯·亚当斯的《银河系搭车客指南》。这个诙谐幽默的故事形塑了马斯克的哲学体系，并在他不苟言笑的性情里增添了一丝幽默感。

好的作品可以陪伴一个人的一生。不同的内容显然会对不同的人产生大小不同的影响力。我们很难想象所有内容产生的影响力都一样大，比如一份西红柿炒鸡蛋的菜谱，就很难影响一个人一辈子，除非这个人是一名厨师。

创作出能在更深层次上帮助别人的内容、能产生更深入价值的内容，就意味着可能会产生更大的影响力。

想要判断这种影响力的大小，我们可以从自身出发，反思一下：我日常最关注的是什么？我最大的困境在哪里？我最需要解决的问题是什么？

将心比心去思考，我们对这种内容价值的优先级就有大致的排序了。

举个例子。在中文播客领域，无论是流量还是口碑，一些广受好评的播客触及的往往是人们内心深处的问题。在小宇宙 App 这一个平台上就有 100 多万订阅量的"文化有限"，作为一档读书播客，不只是在单纯讲书，不会用所谓"拆书"的方法让听众快餐式地接收一些信息，而是带有强烈的人文关怀，大壹、超哥、星光三位主播会从不同的视角分享自己的生活经验和体察，在讨论读书心得的过程中真正产生对人生的思考。这就是所谓的"终极命题"，是人人都会关心的话题。

另一档知名播客"知行小酒馆"探讨的投资话题也并不是狭义的投资，而是在论述我们与钱的关系。钱能否解决一切问题？需要多少钱才能获得自由？房产对于我们到底意味着什么？这些命题也是更本源的，甚至可以说是关乎我们大多数人生存的问题。

相较而言，它们比很多垂直领域的播客更受欢迎，也就丝毫不令人意外了。

内容的影响力大小，通常取决于两个因素，可以用下面这个公式来表示。

内容影响力 = 覆盖人群 × 对用户的影响力

非常受欢迎的一些内容往往是二者兼具的，比如前文提到的"文化有限"和"知行小酒馆"。一方面，它们老少咸宜、覆盖人群足够多；另一方面，它们能触及我们内心的深层次需求，并不浮于表面。

当我们在一个成熟的内容平台上很难覆盖最大范围的人群时，可以尝试在对用户产生的影响力范围不变的情况下提升其强度，这也许是更好的选择。

怎么做才能让影响力更强大呢？借用马斯洛的需求层次理论，人的五种需求从低级到高级排序分别是：生理、安全、社交、尊重和自我实现需求。

比如，任何一种互联网产品和平台提供的服务，满足用户基础的生理舒适和人身安全需求都是第一位的。在网络游戏充值的过程中，我们能观察到用户对地位和面子的需求；在社交社区产品中，我们能观察到用户对人际关系的需求。

要注意的是，马斯洛的理论能宏观地解释一个人的大致需求，在更具体的需求上则未必那么适用。这时，你可以借用我在当产品经理时常用的方法，思考两个具体的问题：

- 用户会花费多少时间在这件事情上？
- 用户会花费多少财力在这件事情上？

如果你做的是与菜谱相关的内容，你就要思考：对你的目标受众来说，做菜会占用他们多少日常时间；如果他们在做菜上愿意支出（装修厨房、购买厨具、提升厨艺等），那么这些支出会在他们的日常支出中占多大的比例。

如果你做的是喜剧类的内容，你就要思考：对你的目标受众来说，娱乐会占用他们多少日常时间；如果他们在娱乐方面愿意支出，那么相关支出会在他们的日常支出中占多大的比例。

用这种方式思考，答案就会逐渐清晰。如果可以选择，我们就应该寻找那些能为用户创造更大的价值、能产生更强大的影响力的内容。当然，也要结合自己的情况，在创作的内容中分享那些我们真正有把握的经验，这一点后文会讲到。

02　舒适（Comfortable）：
如何守住用户体验的底线

在 B 站的 UP 主里，影视飓风和何同学制作的视频时常被人称道，观众认为他们的内容质量高、作品品质好。质量高、品质好的背后表达的究竟是什么？是视频分辨率足够高、颜色调得足够好或者他们长得足够帅吗？是，但也不完全是。

在中文播客领域，主播重轻的"不在场"和声动活泼出品的"跳进兔子洞"也被认为内容品质很好，但从技术上来讲，它们好像并不是很特别。这些作品为什么会很有品质感呢？

这种品质感实际上是围绕舒适度展开的一种综合体验。

比如，影视飓风和何同学的视频，如果你完整地看下来，你的视听感受是很综合的。他们的每个镜头都是经过深思熟虑的，每句台词也搭配得当；对一个话题的讨论点到为止，不会让观众产生审美疲劳；音效的运用恰到好处，会让观众感受到舒适的节奏……他们为了呈现如此复杂的内容所花费的精力和资源，比普遍的 UP 主高出不知多少倍。

这样的复杂程度与制作小体量电影已经很接近了。电影爱好者们知道，"三分钟解读电影"的视频并不能让人真正对一部电影有所体会，观众充其量只是了解了剧情梗概。电影并不等于剧本，也不是独属于剧本的艺术。电影的视觉方面包括图像内容、摄影技术、色彩运用、光影处理、视觉特效和画面构图等；听觉方面包括对话、音效、背景音乐和声音处理技术等，合适的听觉体验会让人建立很强的代入感和连接感；叙事结构方面，包括情节发展、冲突、高潮和结局，好的电影会设置悬念、设立观众的预期；演员通过肢体语言、面部表情和声音表达来塑造角色；后期制作完成节奏、时间感、视觉和声音的良好整合……

当我们说一部电影看起来让人不舒服时，会有许多种可能。想要保持最低的舒适度也并非易事。很多朋友只关注内容方面的片面要素，比如认为文本足够好就行、提供的信息足够有价值就可以，而忽略了用户对舒适度的需求。

以我更加熟悉的播客为例，它的内容形式看似已经很简单了，甚至在有些朋友眼里堪称"简陋"——无非就是有几张嘴说话、放一个录音笔录音，再对录音进行简单剪辑就可以当作内容了。

其实不然。在播客制作上，且不说内容的有用性、对用户的价值，只说听感的舒适程度，可能就会出现以下问题。

- 噪声很大。可能是因为录制环境中有杂音，比如饭馆里人声嘈杂、窗户外的街道上车辆川流不息、主播旁边有人交谈，等等。

- 声音大小不一。这可能是主播的声音忽大忽小导致的，也可能是不同的主播与麦克风的距离忽远忽近导致的。

- 听不清。收声比较差的环境或者设备，会造成收听很吃力的情况。

- 有刺耳的声音。这可能是主播聊到兴奋处情不自禁大笑，甚至激动地大喊大叫的声音。

- 有细碎的杂音。这可能是因为主播在敲键盘、抠指甲、搓手、玩纸团、摸杯子……

- 有口癖。可能主播说每句话时都习惯性地带着"我觉得""就是说""对"等词。

- 有太多空白。这可能是因为有时候主播思考停顿太多，而后期剪辑又没有剪掉。

- 听不懂。除非是面向垂直领域的群体，否则主播口音过重、外来语或"行话"太多都会让人听不懂。

- 有脏话。偶尔出现情不自禁的、更像语气词的脏话还可以让人接受，但持续、连贯的脏话，一般人都很难接受。

- 出现争吵。有时对谈的几个人开始当面争论，甚至进行语言攻击，虽然当事人可能是朋友，但对不熟悉他们的听众来说，听起来会很不舒适。

- 节奏太慢。许久没有进入主题。

- 节奏太快。细节没有解释清楚。

- 文不对题。标题写的是一回事，听众听完发现主播讨论的是另外一回事。

......

优化听感知易行难。许多主播制作出的内容有价值，可惜他们不注重听众的感受，达不到最低要求，那就不能把这些内容归为好内容。坦白说，用户对听感舒适度的要求比另外三个要素更容易满足，因为主播要做的事情更具体。但在各个平台上，大部分内容其实都还没有到"拼听感"的地步，实际上，可能连听感舒适的底线都没达到。

播客舒适度的底线，可以用视频、图文这样的载体来类比。例如一篇公众号文章，如果错别字太多、排版混乱、语句不通顺、逻辑不成立等，就没有达到最低要求。

在用户体验研究领域有一种常见的理论，即我们为设计付出的成本与用户最终的体验之间的关系走势，如同一条抛物线，或 S 形曲线。

比如，当我们把网约车平台的平均响应时间从 10 分钟缩短到 2 分钟，这对用户体验的影响是巨大的，用户也许就不用在路边等太久了。而从 2 分钟缩短到 30 秒，用户当然也会开心，但用户体验的差异就显得没有那么大了，在路边等待 1 分钟左右的感受并不算太糟糕。这种随着我们付出的成本增加，用户体验并没有同步线性变好的理论，也能应用在内容创作带给用户的舒适度上。

例如，我们花费了很多功夫解决了前文提到的问题，让播客的收听舒适度尚可，这时的用户体验已经比较好了。接下来再在很细微的地方下功夫，例如换成有更高敏感度的麦克风、在剪辑中加入轻柔的背景音乐等，这些都可以说是锦上添花的做法，其中主播付出的成本也许很高，但对用户体验的影响则没有想象中那么大。

　　我用图 1-4 来解释这种现象。

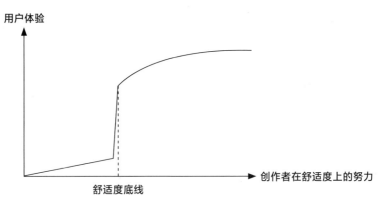

图 1-4　创作者在舒适度上的努力与用户体验的关系

可以看到，创作者在舒适度上的努力与用户体验的关系是：

- 整体上看，创作者在舒适度上付出的努力越多，用户的体验就越好；
- 在舒适度到达底线之前，用户体验很难大幅度变好；
- 舒适度到达底线会让整体内容带给用户的体验上一个大台阶；
- 在舒适度到达底线之后，用户体验会趋于平稳缓慢提升的状态，此时创作者未必要付出太多额外的努力，保持在底线之上也许是个不错的选择。

想要做出好内容，性价比最高的方式就是先到达舒适度的底线，保证最基础的用户体验。可以在等有充足的精力和资源后再考虑继续提升舒适度，毕竟任何努力都存在时间成本和实际的物质成本，而在大多数情况下，将同样的精力和资源用在做好内容、满足用户的核心需求上，会比在舒适度上努力带来的收益更大。在到达舒适度底线后，多花一些功夫提前准备播客文稿，与多花一些功夫提升播客音质相比，前者的边际收益更大。

03　效率（Efficiency）：
效率不是快，而是单位时间的价值

我时常听到这样的描述：播客是陪伴型的内容，很多人之所以愿意听播客而不是刷短视频，是因为他们想要"慢节奏"的内容体验。所以，效率不是播客的属性。

这种观点看似正确，却存在很大的误导性，导致很多朋友在做播客时真的不把效率当回事，以至于最终在内容上达不到预期。

我们还是拿"3 分钟解读电影"的视频来举例。只用 3 分钟就能快速了解一部时长 120 分钟的电影，这还不够有效率吗？但是，这就要看怎样理解效率了。

如果一个人对效率的理解是"我想知道这部电影大概是讲什么的，好在饭桌上用作谈资"，那么这个 3 分钟就是有效率的。

如果一个人对效率的理解是"我还是想观赏和理解这部电影"，那么这个 3 分钟就并没有什么效率可言。电影是综合的艺术，每个场景、每首配乐可能都是经过精雕细琢的，演员的表演、台词的张力，在 3 分钟的视频里全都无法被展示出来，看"解读"与真正看电影完全不一样。

效率高从来都不是速度快、时间短，追求效率指的是努力在提供同样价值的情况下用时更短，或者说在单位时间内提供更高的价值。

再说回播客，播客真的是"不讲效率"的慢节奏内容吗？

前文提到过，在喜剧播客品类里，"谐星聊天会"是典型的标杆。它以独特的招募观众的形式和非常生活化的主题，吸引了非常多喜剧听众的关注，甚至把很多原来听郭德纲相声的用户都转化了过来。

那么，"谐星聊天会"的成功，单纯是因为好笑吗？并不是的。在好笑的基础上，它也保证了效率。正如喜剧行业的高水平表演者可以在春晚舞台上 1 分钟抖 4 个包袱一样，"谐星聊天会"能够把包袱的密度做得很大。在收听过程中可以发现，多的时候它的确也能达到平均每分钟有好几个包袱，而且能持续很久。

我的另一个观察是，同类的喜剧播客也并不少，而"谐星聊天会"之所以能获得如今的地位，是因为它还为听众提供了独特的情感价值，它聊的都是普通人的生活和工作——面临的职场困境也好、家庭相处的难题也好、不同消费观的碰撞也好，都能让人产生强烈的共鸣（后文还会讨论共鸣的意义）。而这种强烈的共鸣在单位时间内出现的次数也足够多，能反复给听众做"精神按摩"。

再回过头看中文播客，很多受欢迎的播客看似是在松散地、随意地聊天，实际上也是在提供有用的价值，它们往往能吸引各自的目标群体，在情感上与听众连接，让听众产生情感共鸣，而且共鸣的效果好、效率高。如果只学习它们闲散的聊天形式，却不给听众提供情绪价值，这就只是学到了皮毛，并没有学到根本。

观察 2023 年成长速度最快的几档中文播客也能发现，效率是优质内容要素的基石。"纵横四海"是一档关于个人成长和认知的播客，它用"马拉松"式的动辄几小时的讲述、用大量的论据和故事来讲一些很基础的、用户又很关心的话题，例如手机对我们的影响、应该怎么看待金钱，等等。

"纵横四海"的主播携隐 Melody 讲过，虽然她通常不会准备逐字稿，但一期节目内容多时，她也需要花费 50 小时来整理要讲的故事、梳理节目的结构。最终呈现的，是建立在精心准备基础上的、效率很高的内容。

另外一档广受好评的播客"电影巨辩"是影评类节目，其内容非常扎实，一改人们心中"影评类节目的表达都很松散"的主观看法和"主播并不会做什么准备"的印象，其主播会用大量的事实论据支撑自己的观点，并且会用逐字稿保证信息密度。

我和潇磊搭档的播客"半拿铁"，以及商业类播客中的头部节目"商业就是这样"，也都会用逐字稿确保内容准备充分、表达完整、有足够大的信息密度。

当然，追求效率与保证舒适度之间也要有所平衡。正如前文所言，信息的传递速度并不是越快越好，时间也并不是越短越好。在播客中，如果主播把话说得太快，用户听不清，也就丧失了效率的意义。因此，要摸索出最佳的平衡点，在能保持不错的舒适度的基础上，还能更高效地传递内容背后的价值，无论这个价值是信息量还是情绪价值。

要平衡效率和舒适度，有两种方法。第一种是**探索用户的使用场景**。

有的播客完全被做成了课程，有像上课一样充足的信息密度，属于直接的信息灌输，被俗称为"很干"。这似乎不是什么问题，但如果我们考察一下大部分播客的收听场景，就会发现很多听众在收听播客时都在通勤（开车、地铁）路上或在做家务，在这种场景中，他们是很难集中注意力"听课"的。我是在多年前有了自己的第一辆车后才意识到这个问题的，彼时我在散步时常听在线课程，开始开车后却发现不再适合听了，因为在开车时，我的注意力需要略有分散。同理，不论是读文章还是看视频，用户在不同场景中也有不同的信息获取状态。

图 1-5 是"半拿铁"在 2024 年初进行的一次听众调研的结论。在关于收听场景的多选题下，83.1% 的听众选择了通勤场景，52.7% 的听众选择了家务场景。这是我们思考怎样平衡效率和舒适度的重要参考信息。

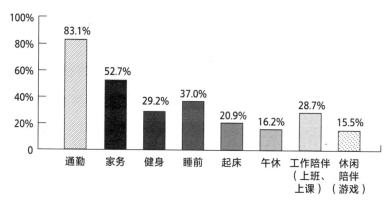

图 1-5　"半拿铁"听众收听节目的主要场景

还有一种方法是，**以用户的身份去亲自体验。**

在"三五环"和"半拿铁"的创作初期，我都会在真实场景（通勤、家务）中完整听完自己的播客，判断在此过程中自己是否对信息获取的状态感到舒适。通过这种方式不断亲自体验、不断更新对自己的内容的认知，可以让我们更快、更准确地发现可能存在的问题，这比做大量理论分析要有意义得多。

复听"三五环"时，我可以判断出某个问题问得是否到位、嘉宾的哪次回答我应该及时打断，等等；复听"半拿铁"时，我可以判断出哪个故事是多余的、哪次的介绍有些不足，等等。这些都是我把自己代入用户视角，对内容进行迭代的方式。在后文中我还会展开聊聊迭代的话题。

04 共鸣（Resonance）：
和用户产生连接的三种方式

我做过产品经理，对"酒香也怕巷子深"有深刻的体会。很多产品本身做得不错，面对用户需求抓住了重点，也创造了用户价值，可是最终由于接触不到自己的目标用户，或者无法让真正的目标用户了解到这个产品，而遗憾收场。

我的观察是，"酒香也怕巷子深"的主要问题，并不是没有出现在目标用户面前，而是即使出现了，用户也不知道"它与我有何关系"。

内容也是如此。我认识一位自己曾经很敬佩的产品前辈，他在公司里做出过不少出色的产品决策，也对用户和行业非常有洞察。他偶尔会写一些内容，在公司内网上发布后，大家都觉得受益匪浅。后来，在一些朋友的建议下，他尝试着把这些内容写在微信公众号里对外传播。然而，由于他并不擅长通俗的表达，也没有过内容创作的经验，他写的内容太"干"，没有案例、没有故事，不是从读者视角出发的，他甚至也不愿意提到自己的身份、所参与项目的很多细节，导致读者并不能完全理解这些内容，也就没有好的反馈。时间一长，他也没有继续经营的动力，公众号就荒废了，很可惜。

这也是很多创作者会面临的境况：所创作的内容原本很好，却因为无法让用户感知到其价值而遗憾放弃。

怎样能让用户感知到内容的价值呢？这就需要在标题、内容的形式和内容表达的方式上做一些处理。

有的内容创作方法会强调"标题党"、营销风，这些技巧在表面上自然是有用的，可是很容易让人陷入"挂羊头卖狗肉"的困局：作品中只有促进转化的物料，却没有实质性的内容（这在前文中已经提到了）。有的内容创作者则完全不屑于为自己服务的用户进行妥协和调整，只顾着表达自己，这样当然很难破局。

合理地让用户产生共鸣并建立连接，虽然只是形式上的调整，但有助于我们把"酒"给卖出去。

所谓的共鸣，大概分为两种：一种是实用层面的共鸣，另一种是情感层面的共鸣。

价值感知：内容和用户有什么关系

很多朋友在做内容时会陷入一个误区，就是"我展现出自己很厉害的地方就是做品牌"。其实根本不是这样。内容品牌和产品品牌一样，是"我要展现出我对你的价值，或者我们之间的连接"。

比如，"一个在大型互联网企业中职级为 P7 的产品经理"让别人感知到的价值就不高，而"一个熟悉供给侧产品策略的产品经理"给人的价值感就很强。再比如，"我认识很多厉害的朋友"对别人而言就没什么价值，而"我会和一些厉害的朋友聊聊天，与你分享行业经验"就更有价值。

这就需要在对用户有用的基础上，不断与用户产生共鸣、不断与用户建立连接。除了要创造价值本身，也要让用户感知到它。酒香也怕巷子深，想要让人知道我们的酒好，到处拿喇叭吆喝是一种方法，更重要的是，怎样让用户相信自己需要买这碗酒。

在"产生共鸣"这一点上，我们要做的事，概括起来就是：**对用户讲清楚，这和"我"有什么关系。**

在这方面，"得到"App 一直是先驱。它在讲述每门课程的价值时，并没有描述得很宏大，比如"是人类智慧的结晶""是价值连城的知识""可以丰富内心、充实生活"等。这是普通人容易想到的宣传定位。

"得到"App 是这样做的。比如，在薛兆丰的经济学课发刊词里，它提到的是："并不是因为你要成为经济学家，而是你想要做个生活在现代社会的明白人。"

在香帅的金融学课发刊词里，它提到的是："想买房，贷款贷多少年合适？保险要怎么买？该不该跳槽去一个有员工期权的创业公司？"

这些做法让用户能感知到的价值更落地、和"我"更有关系。

这就是前文提到的例子——"一个在大型互联网企业中职级为 P7 的产品经理"与"一个熟悉供给侧产品策略的产品经理"对比、"我认识很多厉害的朋友"与"我会和一些厉害的朋友聊聊天，与你分享行业经验"对比——想要表达的。

告诉用户了解这些内容能得到什么，就是让用户产生价值感知的一种重要方法。这恐怕也是"得到"App 命名的逻辑吧。

当然，除了这样直白地告诉对方我们的内容有什么用，还有很多方式可以增强用户对它的价值感知。比如结构稳定的输出，就是在潜移默化地强调内容的价值。像"黑猫侦探社""半拿铁"这样的播客，每期内容结构类似，听过一两期，听众就能快速发现并理解其内容的价值。

情感连接：陪伴、抚慰与激励

要让用户对内容产生共鸣，在理性、实用的角度之外，我们还要考虑一点，就是**情感连接**。

诺贝尔奖得主丹尼尔·卡尼曼在《思考，快与慢》里论述了人脑的思考方式，认为它并不是纯粹理性的。他是心理学家却获得了经济学奖，就是因为存在行为经济学这一学科，证实了人在经济决策中并非只进行理性判断。

前文提到的实用价值上的共鸣，自然是重要的。而在内容创作者与内容消费者的连接中，由于它是人与人的连接，就不会像做数学题一样，只进行理性分析就够了。

"上海闲话"是一档已有十多年历史的沪语播客，订阅量并不太高，但大多数听众都是生活在上海的本地人，他们在这样的播客中能够找到很多共同语言。主理人梵一如向我讲过一个故事：曾经有一个听众留言说，他是由于父母工作关系到了外地生活的上海人，身边几乎没有讲沪语的朋友，在家中播放"上海闲话"已经成了日常。对这样的听众来说，他们也许都不那么在意播客里聊的内容了，但能通过这样的方式在沪语的环境中生活，就缓解了他们的思乡之情。这也许是内容在情感层面上的另一层意义。

我们回顾过去的人生经历，总能想起很多美好的体验，其中多多少少会有对好作品的回忆。

2024年3月，日本漫画大师鸟山明离开了我们，他创作的《阿拉蕾》和《龙珠》是许多"80后""90后"的美好回忆。我记得自己小学四年级时生过一场大病，是严重的肺炎，当时我的体温高达42℃，而我在病床上读《阿拉蕾》，产生了很强的"镇痛"效果。这些好的作品并不只会让我们发笑，还会让我们产生情感上的共鸣。我们感慨于阿拉蕾的淳朴和可爱，也感慨于平日邋遢无能的则卷博士在大是大非问题上的执着。

在我的青少年时期，还有许许多多的作品与我产生了持久的连接，比如《仙剑奇侠传》这样的游戏、《神雕侠侣》《鹿鼎记》这样的小说、《武林外传》《老友记》这样的电视剧……有时我们喜欢反复品味这些作品，不只是因为它们在客观意义上有多高的品质（当然，它们的品质也是顶级的），更重要的是因为它们在我们心中留下了强烈的印象，这些印象像膝跳反射一样，能够给我们带来愉悦和幸福。

说回我们做的内容，好的内容往往和以上作品一样，它们在产生实用价值的同时也能带来情感上的共鸣和连接。

B 站的职场 UP 主姜 Dora 对我讲过，她原本以为她的观众都是来“解决问题”的，后来发现并不是。这些即将毕业或者刚刚进入职场的朋友，面临着很多工作上乃至生存上的压力，他们需要具体的方法，能够帮助他们选择工作、整理简历、准备面试等，但同时，他们也能感受到，在 B 站这个环境中，也有很多面临同样困境的同路人，这种陪伴感也是非常难得的。有时，可能只是看到姜 Dora 和她的朋友们的成长故事，就能让人获得激励。

“陪伴感”是很多播客听众和主播会提到的词。人们在听播客时，往往正在开车、做家务、健身、坐地铁，这时，很多人的注意力其实主要集中在手头的事情上，他们未必会全神贯注地听播客，这也让许多内容密度不高的播客很受欢迎。听众需要的是有一个声音能够陪伴自己，很像我们小时候，只要家里的电视机是打开的，就有一种“人味儿”存在一样。

说回情感上的共鸣，它到底是什么呢？我认为，就是**让用户感到自己并不孤单，在共同的故事、经历和价值观中感受到安慰**。有时是在场景中消除孤独感，比如在外地生活的上海人在家里播放讲沪语的播客，再比如在高速公路上独自开车的司机听着热热闹闹的喜剧播客；有时是在经历上产生认同感，比如一个职场人在遇到糟糕的老板时，听一期吐槽老板的播客；有时是在价值观上产生一致感，比如职业女性在为自己的独立争取权益时，看到露露乐蒙（lululemon）有关支持职业女性的宣传语。

截至 2024 年初，"三五环"播放量最多的一期节目是我和半佛仙人聊开店这件事。在这期播客里，半佛仙人聊了他亲自经营和投资了九个店的经历，但由于对线下行业的理解不足，他"踩"了不少"坑"：从合伙人的信任问题，到房东的纠缠，到竞争对手的打击，到"奇葩"客人的闹事，再到员工的管理……这期节目得到了十几万名听众的共鸣，很多人在评论区纷纷留言，表示自己也有类似的经历。也有人说，自己也像半佛仙人一样有开店的念头，听完这期节目后，发现自己想得过于简单了。

普通人开店本就是很常见的事情，这些负面经历也更容易让人产生强烈的共鸣，本质上，这些共鸣是一种心理上的安慰："原来并不只有我这样。"

这其实也解释了，为什么很多知名的公司，如苹果、可口可乐、杜蕾斯等，很少会做强调产品特性的广告，它们的很多广告都在讲述普通人的生活观点和态度。它们并非阳春白雪，想要彰显自己很"高级"，更多的还是希望这些故事和价值观能够引起消费者的共鸣，从而让消费者对品牌产生其所预期的印象。

所以，我们在做内容时要多思考一下，到底怎样能够引起用户的情感共鸣。比如，更多真实的故事和经历分享，就比单纯的观点表达有效果。再比如，聊很多表面的事情，不如聊事情背后的人及人的想法，这样会更有效果。

持续强化：让喜欢我们的人更喜欢我们

如果用户与我们的内容持续产生共鸣，就会强化与我们之间的连接。这就像不断增加的一条条细线，最终合起来会形成一条粗壮的线缆。

试想一些我们在生活中经常接触的品牌，如可口可乐、星巴克、优衣库、李宁、苹果、华为、淘宝、拼多多、京东、美团……想到它们的时候，我们下意识的感受是不同的。可以问问自己：

- 它们对我的生活有多重要？
- 离开它们，我的生活会受多大影响？
- 它们在我的生命中发生过哪些故事？
- 想到它们，我会联想到哪些事物？会产生哪些情绪？

……

再加入更多广义上的品牌，诸如常去的商场、超市、店铺，身边的老师、朋友等，这些人和物带给我们的印象和影响我们生活的程度，是不同的。

这些差异，就是连接上的差异，其连接的坚固程度、紧密程度各不相同。而我们用不同的内容与用户建立的连接，也是不同的。

比如，从轻若游丝的连接到粗如钢缆的连接，大概可以分为以下几种（见图 1-6）：

- 用户不知道你。这代表的是你们之间毫无关系。用户有可能接触过你，但没有留下印象。
- 用户知道你。这代表的是你们之间可能有关系。用户对你略有印象，但并不清楚你的品牌意味着什么、有什么价值。

- 用户能联想到你。这代表的是当用户有需求时，能自然想起你，知道你也许能帮他们解决什么问题。

- 用户喜欢你。这代表的是用户比较肯定地知道你能帮助他们解决问题，并且对你有相当程度的信任。

- 用户特别喜欢你。这代表的是用户不仅喜欢你，而且能相对积极主动地传播你的内容和理念，影响其他人。

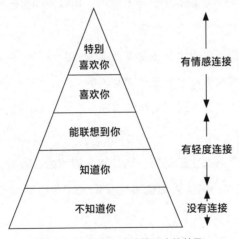

图1-6　品牌与用户连接强度的差异

以下是一些关于我个人的例子：

- 特别喜欢：苹果和特斯拉，我愿意反复对别人讲苹果和特斯拉产品的一些出色之处。

- 喜欢：优衣库，它出品的大部分衣服我可以闭着眼买。

- 能联想到：朋友A开了个小公司，我最近关于公司注册的问题可以请教他。

- 知道：楼下好像有个药店，我看到过，但没进去过，也不知道
  卖的药全不全、医保能不能报销等。
- 不知道：今天有朋友提到一个牌子叫蜜丝佛陀，我完全没听说
  过，也产生不了任何联想。

　　我们看待这些连接，还有一个有意思的视角，就是从宏观上看，
和我们连接得越坚固、越紧密的群体，离我们就越近，其规模肯定是
更小的。所以对内容创作者而言，我们看到的用户群体的分布模式类
似同心圆。"谐星聊天会"的制作人吕东对此有个比喻，就是**大锅
套小锅**（见图 1-7）。

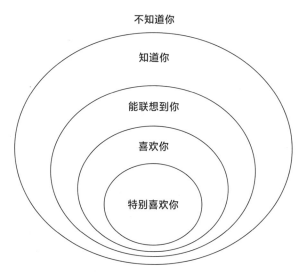

图 1-7　用户群体的分布模式——"大锅套小锅"

　　具体到自己的这口"俄罗斯套娃锅"里，每个创作者的用户群体
分布都是不同的。我们可以通过大致的方法进行统计，结果未必准

确，但也许能够提供一些参考。比如，对于播客"半拿铁"，我大致可以做出如下判断：

- 特别喜欢它的听众：购买周边；高额打赏；主动加入听友群。
- 喜欢它的听众：每期都听；普通金额打赏；累计收听时长 100 小时以上。
- 能联想到它的听众：订阅节目；偶尔会听。
- 知道它的听众：未订阅但听过几期节目；搜索过这档播客。

你可以找到自己的方式，做出类似的判断。注意，这种方法不是用来做出精确判断的，而是给出大致的方向，让我们意识到目前多数听众对我们的内容的喜欢程度，从而更好地判断自己接下来要做出怎样的行动。

有了这样的判断标准，我们就可以在持续输出内容时心里有底。例如，"半拿铁"的订阅数量虽然没有大幅增加（能联想到它），但收听量在持续提升、听友群还在持续活跃（喜欢它、特别喜欢它），于是我就知道，我的内容依然在强化用户的情感连接，接下来的形势依然向好。

这里还要补充一点：连接的深度并不取决于连接的方式。比如，是不是进入微信群的用户就一定是更喜欢你的？如果微信群不活跃、进群的门槛很低，其实未必。形式并不是最关键的，关键还是要依靠内容，让用户认可。这种认可不是由我们连接他们的形式决定的，而取决于用户会不会经常想到我们、关注我们的内容、信任我们的内容。这个话题，后文在介绍"私域"时，会再展开论述。

做内容，我们的目标是扩大最中心位置的"锅"中用户的数量，而越外环的"锅",就越不重要。**我们应该通过内容找到喜欢我们的人,并让他们更喜欢我们,而不只是持续让更多人知道我们。**

让更多人知道我们,虽然看似人来人往、热热闹闹,但颇像我们小时候做过的一类数学应用题:水池的进水口和出水口都大开着,最后水是无法留在池子里的。

基于这样的逻辑,我们在做内容时也会更有自信:当我们持续做了很多内容,表面上的用户数量却没有太多变化时,这并不意味着我们在做无用功,很有可能出现的情况是,我们在持续加强已有的连接,待时机到来,它们会产生更大的价值。

第二章
做出好内容的四个关键

知道什么是好内容，和知道如何做出好内容来，是完全不一样的。就像尝遍天下美食的美食家，也未必是好的厨师（大概率不是）。在知道什么是好内容之后，我们要关心的，是**好内容与我们的关系**。

对于如何做出好内容，我在这里也提出一个公式：

做出好内容＝擅长 × 热爱 × 差异化 × （形式和平台）匹配

01　擅长与热爱：
从自己出发，反向筛选用户

我先讲个小故事。

2015 年，作为一名年少轻狂的产品经理，在万众创新的热潮中，我决定启动一个旅行创业项目，拉了三四位朋友，租下了北京五道口被称为"创业圣地"的华清嘉园的一间小屋（美团创始人王兴、字节跳动创始人张一鸣、快手创始人宿华都曾在这里创业）。

我们要做的旅行项目，是让游客在海外体验当地特色的短周期、有个性的旅行服务，由当地人或者留学生提供陪伴服务，可以去当地人喜欢的街道游玩、吃当地人喜欢的美食，甚至体验当地人的一些生活方式（比如烹饪、瑜伽等）。比较喜欢旅行的朋友应该能联想到很多类似的产品，比如 Klook 客路旅行，以及携程、飞猪等平台提供的"当地游"相关服务。这在 2015 年还算是比较新潮的创业想法，面向的是去过几次目的地后，对那些最知名的景点已经没有太大兴趣的年轻人。他们更有自己的想法、更愿意体验当地的风土人情，而不是在地标建筑和"网红圣地"前拍照打卡。从用户需求和商业逻辑的角度出发，这是个在今天看也没有太大问题的想法。

然而，在这次只有几个月的创业过程中，我学习到的最重要的经验教训就是，理解了好几位投资人问出的那个"灵魂拷问"——"为什么是你？"

回顾当时，我们团队的几个人，都没有那么熟悉旅行，我们不是狂热的旅游爱好者，出国的经历也少得可怜。仅有一个人有旅游行业的从业经历，还只是曾经在留学期间做过地陪。我们几乎都是刚毕业没几年的"打工人"，更熟悉写文档、敲代码和开会，并不知道怎么去和商家沟通，也不知道去哪、如何招募服务人员。对于这种十分依赖线下工作的业务，我们举步维艰。

如今，每当我看到一件事情，觉得它真是一件不错的事，按捺不住内心的激动想要去尝试一下时，我都会想到这个问题：为什么是你？

做内容，也是一样的。当身边有朋友通过大量的分析和纸上谈兵，向我论述了一个做内容的好方向，我却从他身上看到过度的反差时，我都会问：为什么是你？

什么是过度的反差呢？就是投资人当初看待我的那种目光，与我的自我感觉之间的差别。

在做内容时，很多人都会犯的错误是不关注自己，而只关注别人。其实，内容偏偏是与创作者联系非常紧密的，不考虑创作者自身的生活经验和表达风格，相当于不考虑交通工具的马力就上路。骑自行车去喜马拉雅山脉和坐飞机去小区附近的菜市场买菜，都是得不偿失的。

以我自己为例，我过去做的几种内容形式和内容类型，都是与自己息息相关的。

刚入行时，我对产品经理的工作内容和方法论有很强的好奇心，我的体验和观察都是围绕这个主题展开的，输出的内容自然与之紧密相关。在入行一段时间之后，我对基础的产品经理入门问题已经不感兴趣了，转而对商业、行业的分析有了需求，而这时我开始在公众号文章中撰写自己的很多观察和思考。后来，我发现个人的观察和思考有很大的局限性，我需要去请教身边有经验的朋友，于是就有了播客"三五环"；与此同时，我也发现商业历史上有很多创业者、企业家的经验值得学习，于是顺势就做了播客"半拿铁"。这些事都与我自己相关。

至于为什么选择写文章和录播客，正是因为上文提到的那些内容，只能用篇幅长的媒介来承载，我很难在几分钟内讲透一个商业问题，哪怕是很小的商业问题。可以说，媒介也是水到渠成的选择。结果就是，这也反向筛选了用户——关注我的公众号和订阅我的播客的用户，大多数也是能接受长内容的、愿意独立思考的都市年轻人。

我整理了一下曾经来"三五环"做客的一些嘉宾讨论的内容主题及其过往经历之间的关系，可以说是一目了然的（见表 2-1）。

表 2-1　内容主题与嘉宾过往经历的关系

	内容主题	过往的相关经历
半佛仙人	互联网、财经、职场	风控产品、投资顾问
姜 Dora	职场、个人成长	互联网公司运营
潘乱	互联网、财经、科技	创业公司 COO、媒体编辑
携隐 Melody	个人成长	MBA 留学咨询
钱婧	职场、大学生活	大学教授
庄明浩	互联网、财经	投资人
孟岩	个人成长	创业公司 CEO、投资人
刀姐 doris	新消费、营销	营销专家
苏青阳	互联网、产品	产品专家

由此我总结出了两个最核心的要素，它们是我在做内容时首先考虑的。

这两个要素是：

- 要从自己出发，找到擅长的；
- 要从自己出发，找到热爱的。

擅长：找到自己的相对优势

我在和一些朋友聊天时，经常听到下面这样的话：

- 我没有什么擅长的，我的生活很平淡。
- 除了工作我什么也不会。
- 我现在只能去学点新东西，重新开始。

事实并不是这样。我们每个人都有一些擅长的事情，或者换个词语来说就是"**相对优势**"。相对优势指的是，在某个方面，你比别人稍微好一些，或者在某个方面，做出同样的成果，你的成本比别人更低一些。

可以做一个思想实验：**回忆一下，在过去的人生经验中，你有什么相对优势？**

比如，虽然你没有出过书，但你是否坚持写过几年日记或手账？这种整理和叙述信息的经验，也许就是一个重要的相对优势。再比如，虽然你没有当过领导，但你大学时积极参加社团活动，有组织活动和社交的经验，其中的道理也是一样的。

包括玩游戏、看电影、听音乐等，这些看似只是娱乐的事情，如果做得很深入，也许同样有机会成为你的相对优势。我以前有个同学，他订了很多电影杂志，对许多导演和演员都如数家珍，愿意琢磨电影的剪辑风格和配乐特色。后来他就成了微博的影评"大 V"，全职做自媒体还能生活得非常舒适。

影评是一种可能性，在影评之外还有更多种可能性：用获取的经验去拍视频。一位我很喜欢的创作者——影视飓风这个内容品牌的创始人潘天鸿（Tim），就是利用自己对数码产品和内容剪辑的相对优势，成了一位能创作多样化内容的创作者，并且从个人创作转变成了工作室创作，制作了很多精彩的视频内容，甚至曾经与全景相机品牌影石 Insta360 合作，通过一颗卫星将网友的愿望送上轨道，并在太空中进行了拍摄。据说，他的长期目标是能够冲击奥斯卡，这十分令人期待。

反过来说，创作者自己并不熟悉的内容，做起来就有风险。而风险更大的，则是创作者自以为很熟悉、能够"搞定"的内容。实际上，知易行难。

在社会心理学中有一个知名的心理学效应叫作邓宁－克鲁格效应（Dunning-Kruger effect），也叫作达克效应（D-K effect），即个体在完成某项任务时对自己能力的评价产生的偏差，表现为能力较弱的人往往会高估自己的能力，而能力较强的人往往会低估自己的能力。

这个效应还搭配有一张流传甚广的示意图（见图 2-1）。以写文章为例，每个人写文章时，其想法都会经历这样一个变化过程：

• 这篇文章看起来不怎么样嘛，无非就是"标题党"、起承转合的结构和一些故事案例，我也可以写出来。（愚昧之山）

• 让我试着写一篇文章看看。啊，好像也没有想象中那么容易，半小时过去了，新建文档还是空白的。可能我不适合做内容。（绝望之谷）

• 原来写作还是有一些方法可循的，我越来越能掌控自己的写作了。（开悟之坡）

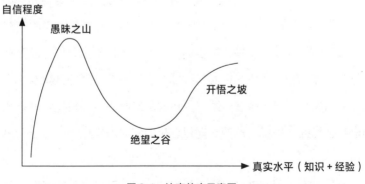

图 2-1　达克效应示意图

内容创作领域很容易产生达克效应，因为消费和评价内容的门槛很低。它不像量子力学，仅仅是能读懂一些概念的要求就筛掉了大部分人；而内容作品只要看了、读了、听了，似乎人们就有评价的资格了。

在读一篇文章时，我们很容易识别其中不严谨的、逻辑不通的、有谬误的地方，这样做的难度未必会很高，因为我们是在从大量的信息中捕捉一些小细节。而能评价一篇文章，甚至能准确地、公允地评价一篇文章，并不代表着能够写出这样一篇文章。我自己的经验是，通常存在一个现象，我称之为"四分之一陷阱"，即能很好地评价一篇文章的人，撰写出的文章品质通常只是这篇文章品质的四分之一。

当我们产生"不就是这样嘛，我也行"的想法时，不妨冷静想一想，自己是否掉入了四分之一陷阱。这是很容易检验的：自己写一篇文章，对比一番就知道了。在文章之外，播客、视频等内容形式也是如此。

我自己也曾经有同样的感受。之前，我因为有过拍视频的经验，自己也是熟练的播客主播，便认为电商直播不过尔尔，无非就是闲聊天，顺便把产品的信息讲明白就好了。在 2023 年底真正参与过一次电商直播后，我的想法完全转变了。在真正的直播场景中，需要考虑的要素非常多：该用什么坐姿、该有什么表情、该看向哪里、下句话该怎么说、冷场了怎么办，等等。更不用说，还要根据直播间的实时评论以及销售的数据实时调整自己的状态和要表达的内容了。在整个过程中，人始终要处于紧绷的状态，因为一旦松弛下来，面色就会变差，这在日常场景中无所谓，但在直播的屏幕前，就会显得没有精神。这些让我顿时"耗电过度",花了几天才补充回能量。我不得不感慨,隔行如隔山。

知名的内容领域投资人、播客"老范聊创业"的主播范老板曾经也向我讲过一种感受。他投资了很多内容创业项目,自己也是媒体人出身,自以为深谙各种媒介内容的"套路",可以在各种媒介上都创作出好的内容。他在尝试拍摄短视频后,才发现情况并没有那么简单。短视频作为一种新的内容形式,其要求与他熟悉的领域完全不同,他自己作为投资人,熟悉的是在咖啡馆与创业者和内行人进行长时间的、深入的交谈,而短视频要求他在短时间甚至几秒内就在画面冲击力和信息量上吸引用户的注意,这不是他擅长的。于是,虽然他很熟悉各种方法论,对他个人而言,在做播客时可以顺畅地与日常状态切换,但在做短视频时,他需要制作团队的协作,并且要花费一定的精力去学习和感受,其中更多的是掌握一种新方法的过程。

投资圈里有句名言:**你永远赚不到你认知范围之外的钱**。巴菲特毕生都在践行这样的原则:不懂的东西不投,想投的东西,就要搞懂它。如果某个内容领域是你完全不熟悉的,你只是碰巧知道别人做成功了,而你想要模仿他的成功,就贸然去尝试,结局往往会非常糟糕。

究竟该如何检验自己是否擅长呢?大概可以从以下几个维度看。

第一,**从知识结构看**。你是投资人,你与财经相关主题的内容就更加契合;你是热爱运动的马拉松爱好者,你做运动主题的内容就有相对优势。

第二,**从正反馈经验看**。你常常被人赞扬表达能力非常好,也许你就很适合录播客；你炒的菜经常得到身边亲友的正面评价，也许你就适合做与厨艺相关的内容。

第三，**从实践效果看**。如果很难从过去的经历中推演，还有一个终极的办法，那就是干脆去试试看——写一篇文章、做一期播客、拍一次视频。试过之后，看看内容的效果，感受一下自己是否满意，它能否达到自己日常喜欢的内容的标准。如果试过几次都让自己很满意，那么也许这就确实是你擅长的领域。

热爱：让自己更有耐心

在做内容时，我们太容易受到身边人的影响了。比如，或许你常常听到下面这些不太"普通"的故事：

- 有人在抖音上爆红，年销 GMV[①] 上千万了；
- 有人因为长得好看，突然在 B 站上粉丝量暴增；
- 有人用一种"套路"在小红书上带货，卖保健品，已经买上别墅了；

……

这些故事是真的吗？可能大多数确实是真的。但它们未必是普遍的、有适用性的，其中往往存在非常强的幸存者偏差。如今爆火的很多创作者都是平台算法筛选出来的，而提到平台算法，它常常令人

---

① GMV 即商品交易总额（Gross Merchandise Volume）的缩写，是成交总额的意思。——编者注

捉摸不透。即使我们去找在知名平台做算法工作的朋友请教，他们往往也无法归纳出其中真正的逻辑。我们只能"事后诸葛亮"地看到，原来零食适合短视频这种视觉形式，原来常看 B 站的年轻人已经进入职场，开始关心就业话题了……其中的规律依然很难捉摸、很难预测。

正因为需要长期坚持、等待机缘，我们要做的才不是快速模仿。选择快速模仿的人之中当然也有成功案例，但这与中彩票并无差别。楼下的一位大爷中了彩票，我们去关注他是在哪个彩票站买的彩票，没有任何意义。我们要做的是确保自己正在做的事是真正可控的、是真正由我们的能力转化的，也是真正有价值的。

在这里也可以做一个思想实验：**你正在做的一件事，如果十年后你还在做，你是不是依然会对它感兴趣？**

不妨认真思考一下这个问题。如果暂时没有获得所谓的流量、没有得到快速或高额的经济收益，你是否还会坚持做现在正在做的内容？

凭爱好做内容、做内容有耐心，实际上并不是一个自视甚高的选择，而是一个在实践层面上的经济考量。它暗示了一个重要的前提：大多数内容创作者在刚开始创作时，是没有得到足够多的正反馈的。

总的来说，常见的正反馈有以下几种：

- 创作者自己对做出好内容的成就感和满意度；
- 来自用户的好评和互动；
- 实际的物质回报；
- 影响力带来的成就感；

• 影响力带来的人际关系。

很可惜的是，后四种正反馈往往是在内容有了一定的影响力之后才更容易得到的。

比如，如今我的内容作品里影响力最大的是播客"半拿铁"，每天我都可以收到 100 ～ 200 条用户评论，找能持续感受到用户关注和互动的正反馈；相较而言，虽然我在小红书上发的帖子每天很少有人互动，但支撑我做下去的原因之一是这里像一个生活化的朋友圈，把内容发出来我就足够开心了，而且也许还能认识一些有共同爱好的朋友。

在缺乏后四种正反馈时，我们要考虑的便是能否用第一种正反馈来弥补。我第一次收获大量的正反馈是在知乎上，那时我已经在知乎上写了两年的回答，能坚持下去只是因为我那时还很喜欢这个平台；携隐 Melody 在她的播客跻身中文播客订阅量前几名之前，也在多年内尝试过在许多个平台上创作内容，她是一个狂热的输出者，是 100% 的 "E 人"（在 MBTI 测试有关 E 和 I 的选项中，她全部选 E）[①]；半佛仙人在他的微信公众号成名之前，写各式各样的文章（从连载网文到论坛发帖）写了 14 年，因为他就是喜欢写作。

套用小说《三体》中的说法，在"乱纪元"里，不是我们对未来的太阳升起没有耐心，而是我们知道太阳会升起，但我们无法预知太

---

① MBTI 测试即迈尔斯-布里格斯类型指标（Myers-Briggs Type Indicator）测试，以荣格划分的 8 种心理类型为基础，是一种人格类型测试，共将人分为 16 种不同的类型。其中，指标 E（Extrovert）代表"外倾"，I（Introvert）代表"内倾"。——编者注

阳哪天会升起。很多朋友缺乏等待太阳升起的耐心，但也许太阳明天就会升起。热爱，就可以带来这种耐心。在没有足够多正反馈的时期，热爱本身就是一个弥足珍贵的正反馈。仅仅是做出一个好内容本身，就足以让一些创作者非常开心。

所以，当你问出"内容创作到底该怎么坚持"这种问题时，就意味着做内容这件事本身并没有让你很开心，你期待着立刻收到外界的正反馈。一旦要用到"坚持"这个词，不妨想一想，你是不是真的很想做这件事。

当然，如果我们在做内容时，由于某些原因，一开始就有明确的物质收益和来自用户的大量正反馈，那么我们也许可以把热爱这一项的重要性排序稍稍置后。不过，我还是建议不要完全放弃它，毕竟，哪怕只是一桩生意，我们也希望能更长期地把它经营下去，而不是"打一枪换一个地方"。

这就延伸到，除了度过"冷启动"的困难期，热爱也是能长期陪伴我们的重要元素。

我如今在做播客，这就是一项我会坚持终身的内容创作。我自己并没有把它当成"赚完钱就撤"的短期工作，而是把它当成一个对我来说非常重要的精神输入和输出的方式。我用它来记录我的知识和经验、用它来连接各种有趣的人，把它当成我的重要作品，与世界对话。它是可以持续下去的，哪怕十年、二十年以后，甚至我老了之后，我也可以想象出白发苍苍的自己录播客的样子。既然相信自己能做到那个时候，我就不会为短短一两个月的流量波动担心了。

把内容当成毕生的作品去完成，这岂不就是一个品牌故事？

说到做播客，我回想起在十几年前，我刚刚考研成功后，在优酷网上做过一套以考研方法论为主题的视频。那时我只是觉得，考研的很多方法，考过的人自然都知道，但我自己考研时并没有找到别人的相关分享，所以考研成功后我就充满了表达欲和分享欲——学弟学妹们看到了我的视频，叮能会少走一些弯路吧？于是，我把经验结集成文，配图整理成 PPT，再配上画外音，做成了一套视频。它得到了很多正反馈，每期播放量也都上万了，2011 年和 2012 年考研的朋友，或许有些人还对它有印象。这件事在当时对于我是很大的鼓励。如今再想想，这种整理文稿录音、片尾还要配上音乐、以听为主的内容，不正是一种"播客"的形式吗？过去的经历在此时串联了起来：这件事既是我想做的，也是我擅长做的。

回归初心，找到愿意持续探索的母题

如果热爱和擅长达到了比较理想的程度，这就意味着我们能找到自己的**母题**。

做内容和找工作不一样。大多数人的工作可能都不完全是自己主动选择的，或者说在相当大的程度上与我们的高考志愿、后来找工作时的机缘巧合有关系。但在做内容时，我们是自行选择的，内容并不是随机出现的，也不是被安排的。这就是我们选择内容时的初心和动机——在千千万万个话题和形式中，为什么要"取这一瓢"？

我曾经和潘乱聊到，我们过去二三十年的人生，其实决定了很多事情——我们的性格、人格特质、价值观、世界观、感情观等，正如社会学讲的那样，**人是社会关系的总和**。所以，我们总有一些自己的母题存在。

潘乱的工作经历带给他的母题是解读商业公司的兴衰，同时他还有个身份上的母题——二本学生。有一位知名的、做科技内容的"个体户"资深编辑的第一个母题，是批判和解构字节跳动，而第二个母题，是黄泛区——这是跨河南、安徽、江苏等省份的一片区域，是他出生和长大的地方。对黄泛区的观察和思考，成了他的内容中很独特的一个系列。

我们关注的是宏观的还是微观的内容，是商业的、科技的、产品的还是文化的内容，这些母题都只与我们自身有关。或许不太好定义什么才是母题，但至少有一个问题可以问问自己：**我愿不愿意用毕生时间去研究和探索它？**

说母题和我们的人生有关，可能说得有点大了。我自己和我身边的不少朋友，都还没有找到自己真正的人生母题。我们可以退而求其次，**找寻自己感兴趣的母题，放低标准——未必是要毕生探索的，也可以是近五年、十年间我们最关注的事情。**

如果我们关心的母题同时也是很多人关心的，那么我们在这样的前提下创作出的优质内容就是差异化的，也有足够强的生命力。比如前文中的那位编辑创作的黄泛区相关内容，就是身处黄泛区之外的创作者很难拥有的优势。他对这片土地的理解是自小积累的，旁观者很难在理解上比得过他。

同样地，对产品和商业的思考就是我自己的母题之一，这是我作为产品经理和计算机专业的工科生的底色。我对于这些主题有着很纯粹的冲动，想要深入探索。

再拿"半拿铁"这档播客举个例子，它的两条主线实际上就与我过往的经历相关。一方面，我和潇磊见面聊天时，常常会讨论一些商业故事，颇像村口老大爷吹牛的场景，自娱自乐。我们对探究一些商业逻辑、学习商业规律很有兴趣，做播客就成了一个互为补充的事情——我们在准备资料时能更仔细地了解和学习相关内容，而播客又能为我们带来各种各样的正向回馈（比如听众们对内容的纠错和对相关信息的补充）。

另一方面，我和潇磊在大学时就是说相声的搭档，在校园里是正儿八经登台演出过的。做这个播客对我们来说既没有压力，也充满乐趣。把相声中那些习以为常的俏皮话讲出来逗大家开心，对我们来说也是一种正向回馈。

我和"三顿半"的创始人吴骏交流时，也能体会到他的过往经历是如何促成他如今的主线和母题的。他在广告公司的工作经历让他积累了对品牌与内容的洞察和理解；他多年开咖啡馆的经历让他对咖啡文化和咖啡消费人群足够了解。这些促使他做出了"三顿半"，让"三顿半"有了如今这样的品牌形象。

乔布斯在斯坦福大学演讲时，提到过"connect the dots"（把点连接起来）。大学时凭兴趣选的书法课让他对衬线字体和无衬线字体有了认知，这让 Mac 系统在字体上有了极佳的审美；要不是他从小就爱研究电子产品，也不会有苹果公司一系列产品的诞生。

乔布斯说过一句话：

You can't connect the dots looking forward; you can only connect them looking backwards.（你不能根据未来连接这些点，而只有在回头看时，才能把它们连接起来。）

　　我们在发掘自己的主线和母题时，不要往未来看，提前预测哪些事情在未来会串在一起，而要往过去看，看自己曾经做过的事情、热爱的事情、擅长的事情，有没有机会串联在一起。

02　差异化：
异胜同汰

　　传统意义上，品牌的定义是：

　　将一个卖家的商品或服务与其他卖家的商品或服务区分开来的名字、术语、设计、符号或任何其他特征。

　　我们可以推演一下：真正的好内容可以让我们与用户建立连接，而这个连接必须是差异化的。这种差异化就是好内容的特征。

　　前文提到的物料类的流量内容，是追求曝光度的，你可以刻意模仿，但模仿的结果可能是用户对对方的内容有印象，对你却没有印象。品牌内容则要刻意原创、制造差异化的印象。司空见惯的内容形式和内容主题不会让我们留下印象，更不会让我们对创作者产生好奇。

　　有差异才有记忆点，才能占领用户的心智。"我是一个产品经理"是同质化的，"我是某社交产品的创始团队的产品经理"就是非同质化的。"我的公众号有一万个关注者"是同质化的，"俞军和张小龙关注了我的公众号"就是非同质化的。

知名科技媒体人潘乱说过的一段话，可以作为注脚：

不是优胜劣汰，而是异胜同汰。没有更好，只有不同。一旦你把"优"给去掉，就不再需要跟人比，不一定非要在主流叙事里站到金字塔顶端。好好想想自己，反而会获得更大的自由。

想要实现差异化，我们可以参考 RECH 原则，从不同的维度出发，找到差异化的点。

寻求差异化的三种方法

第一，寻求差异化，可以不断"加定语"，提供更垂直的"有用性"。

很多朋友会说：某个平台上已经有这么多品类了，几乎饱和了，还有什么值得做的呢？占大头的都被人做过了，我是不是就没机会了？现在去知乎写与产品经理相关的内容已经没有那么大的价值了，但我只会写产品经理入门的东西，该怎么办呢？

其实不然。

我们未必有机会、有能力做最大的品类，但我们可以做足够垂直的品类。就像体育运动员圈子中的一个有趣的说法："只要定语足够多，谁都拿过第一名。"

在产品经理这个大领域中，你很难做出尽人皆知的个人品牌，那B端产品经理呢？专注于做广告的产品经理呢？产品经理入门是很同质化的内容，那聊聊产品经理的工作、汇报和晋升呢？产品经理行业发展得没那么快了，那谈谈产品经理未来的出路和转型呢？加上定语之后，差异化就出现了。

正如在以互联网为主题的播客中，"乱翻书"一直能做到快速起量、形成很好的差异化认知，即使聊同样的话题，他们请到的嘉宾质量也足够好、话题深度也足够深。看似话题都是同质化的，但"更有深度"就是加上的一个定语。

消费品行业、服务行业也是如此。要做全国性的大品牌，机会很少、资金不足，但做面向一部分人群的垂直品牌，比如面向互联网白领的品牌，是否可行？做围绕某个地域的垂直品牌，比如辐射一个城市的某个行政区的品牌，是否可行？加上定语同样可以实现差异化。

大环境一直在发生变化，所以当我们进入一个行业时，颗粒度最大（定语最少）的机会可能已经没有了，那我们就可以到颗粒度更小（定语更多）的品类里去找机会。

不过也需要提醒一下，颗粒度的大小也限定了品牌的影响力范围。颗粒度小，品牌影响力就会比较弱。不过，如果用户净值足够高，即使规模小，品牌整体的商业价值也未必会小。正如我看到的很多科技自媒体，在其深度内容被认可的情况下，它们面向的是投资人、创业者、高管人群，其溢价是超出常规定价的，而普通的内容自媒体只能按照曝光量折算定价。

这就是机缘和取舍综合决定的结果。要么遇到好的机缘，自己能做的内容与时机结合得很好；要么做到足够垂直，在颗粒度较小的领域中塑造品牌。

第二，差异化价值可以落在"舒适度"上：进行形式创新。

很多朋友，包括之前的我自己，都会认为做内容时最重要的就是内容本身，包括传递什么信息、处于什么品类、面向什么用户等，而内容形式只是表面上的，并不能构成太深的壁垒，也不能创造太大的价值。

但这几年我在内容平台上所做的观察，正在推翻我的这一认知。

B 站上有一位 UP 主叫"苏星河牛通"，他的视频播放量惊人，让他接商单接到"手软"。如果看过他的内容，你可能一方面会感叹他的视频制作精良又有趣，另一方面也会有些疑惑——这些内容，好像不太存在差异化的情况？

坦白说，他的内容确实没有实现太大的差异化，他分享的都是各种产品的使用技巧和基本逻辑。前者在小红书上到处都是，没有稀缺性；后者即使是一位刚入门的产品经理也能讲个大概，同样不太有稀缺性。

前文说的品类和内容要寻求差异化的逻辑，在这个例子中根本说不通啊。

后来我才意识到，他的差异化不在于内容，或者说不在于原始的内容，而在于**对内容形式进行创新**。

他的结构编排、文案撰写、在剪辑中抛包袱的时机、对画面的处理等，都是经过精心设计的，他最终用短短的几分钟到十几分钟，把原本在四处都能搜到的零散内容，通过更容易接受的形式传递给观众。

这就是形式上的差异化。"让人更容易接受"，也是差异化的。这正是前文提到的 RECH 原则中的舒适度，他在形式上的创新就是在舒适度上的创新。

类似的例子还有很多。

在播客领域，"黑猫侦探社"是一档讲述罪案故事的播客。同类的播客其实不少，而且罪案的内容大多是公开信息，感兴趣的人如果自己去收集，也都可以找得到。但这档播客的订阅、播放和付费情况都很出色，为什么？

原因就在于形式。听主播讲述罪案的体验很舒适，比自己去收集整理和阅读材料的体验要好很多，而主播编排和讲述故事的节奏也比其他同类播客好一些。这些形式上的体验优化，让这档播客在激烈的竞争中有了一席之地。这也是舒适度上的创新。

同样在舒适度上创新的，还有我和朋友潇磊做的"半拿铁"。我们讲的商业故事其实很多自媒体都讲过，各种财经媒体和官方的公开信息也足够丰富，但我们解决了听众们需要花时间去收集信息的问题。同时，我们插科打诨的相声式讲述方法，让听故事的过程更加舒适。这些形式上的差异化也创造了价值。

再举个例子。"得到"App 中有一部分内容，是以独创的品类差异化为主的，而更多的内容，诸如经济学、历史、商业等方面的付费内容，都是以本领域内已有的内容为基础，在形式上进行大幅度的优化。制作者考虑的是，怎样增加案例有助于理解、怎样调整表述更容易传递信息、怎样配图，等等，更多的也是在形式上实现差异化。

以上这些差异化，是在舒适度上下了极致的功夫，远高于舒适度的底线，让内容呈现出了完全不同的质感。这些创作者花费的时间和精力是远超常人的。以"黑猫侦探社"为例，之前我和它的主理人咪仔共同合作讲述罪案故事时，我注意到，她对内容的整理非常用心。

她不仅收集了大量的外语文献，甚至包括案件庭审的原材料，而且她的逐字稿也写得细致严谨，连捧哏的语句都提前设计好了。这种对内容价值和舒适度进行的双重差异化，都建立在海量投入的基础上。这也是要做出优质内容的必经之路。

第三，差异化价值可以落在"效率"上：成为买手。

在信息纷乱繁杂的时代，很多人都以为信息的多样化能让自己获取信息的效率提升，实则不然。

你可能听说过信息茧房的概念。在信息冗余的时代，很多用户都意识到，怎样获取信息，比花更多时间去消费信息，重要得多。

这也是少楠主理的"产品沉思录"这个专栏的意义。他会花费很多功夫收集、甄选和整理各种有关产品、技术和商业的洞察，这件事看似简单，只是编辑工作，实际上非常困难。互联网上充斥着大量同质化、低质量、可信度很低的内容，要甄选出优质信息是不容易的。

这正是我想说的"寻求差异化"的又一种典型方式：**做买手，降低决策成本，提高用户的决策效率。**

正如前文所述，形式上的创新可以带来差异化，它是有价值的，而帮助他人选出好的内容也是有价值的。比如品牌"企鹅吃喝指南"的主理人志伟，他从事的就是买手的工作：一方面做信息的买手，把好的餐厅和品牌甄选出来，并论述其优劣；另一方面也在做买手品牌，从各种同质化的商品中找到品质稳定的商品，并提供给用户。这都是在提高用户的决策效率。

如果回到广播时代，买手就相当于广播电台的主持人，播放什么内容由他决定，其重要性可想而知。

说到这里，估计你会想到一种产品形态——直播电商。主播和主播的公信力不同，大家对其信任度的差异来自哪里？其实就来自他们是否能在"买手"这个身份中做得有价值。

直播电商可以粗略分成两类：一类走极致的便宜路线，可谓"人形聚划算"，除了有导购，它和早年的团购（聚划算）、打折销售（唯品会）没有太大区别；另一类走的路线是"我帮你挑选值得关注的产品"，这就是买手路线。

前者当然也有价值，很多直播间都因此突然"起飞"。可是，把价格作为核心竞争力，壁垒未必高，因为人人都可以谈到低价，在这个过程中必然会持续压缩各方的利益空间；买手品牌则更容易屹立不倒，因为大家信任的是你的眼光和选品的质量，比如前些年流行的网易严选、小米有品等。

实现差异化时需要注意的三个问题

寻求差异化的方式不止三种，还有很多可能性，需要我们不断地探索和实践。在实现差异化时，要注意三个问题。

第一，实现差异化需要"抬头看"。

有些朋友迷信这样一个观点：我们做内容就是做好自己，没必要关心别人在做什么。

前半句大致没有问题，做内容确实没有必要"立人设"（后面我也会谈到，要更自然、更真实地输出内容）。

但后半句大有问题。做好自己和关心别人在做什么是完全不冲突的。如果在内容创作和建立个人品牌方面有多种选择，我们要选的就是能实现差异化的那些。

从更宏观的视角看，可以把差异化表述为市场中的稀缺状况。你的内容在市场中越稀缺，就意味着它越能实现差异化、越有不可替代性。

例如，产品经理入门现在已经是红海市场了，市面上有大量相关的书籍、资料，与苏杰写那本《人人都是产品经理》的时代大不相同。而从前些年起，很多产品经理的入门课程、书籍等，都开始面向领域更垂直的用户，如 B 端产品经理、增长产品经理甚至更细分的 SaaS 产品经理、广告产品经理等。它们在价值上就超过了普适性的入门内容。

这就和做一个商业产品一样，内容品牌是要在市场里运作的，得尊重市场规律。只关注产品体验的产品经理如今是不合格的，竞争环境、外部变化都是必修课。现在各个内容平台在发生着什么、有哪些已经不错的创作者案例、有哪些空白的品类值得尝试，也是我们做内容品牌的必修课。

我和 flomo 的创始人少楠聊到过，我们期待做的事情，无论是内容还是产品，都是现在还不存在的——我们**期待做一些新的事情、别人没做过的事情**。从另一个角度说，这就是在追求差异化。

第二，平台有不同的发展阶段，复制别人的成功不可取。

内容创作者在圈子中经常会聊到，各个内容平台都有所谓的"红利"。一种红利是，整个平台都是待垦的"荒地"；另一种红利是，平台上开始出现新的品类，能在早期进入该品类，就能建立品牌。

我最初能够在潜移默化中开始建立内容品牌，源于曾经在知乎上回答过不少关于产品经理的问题。单纯是因为我回答的内容质量好吗？当然不是，我自己评价，可能也就是 60 到 80 分，算是及格到良好吧，远称不上多精彩。

这里面有很大一部分原因是，知乎早先的内容品类大多比较"硬核"，互联网领域的内容偏少，所以我赶上了品类的差异化机会。但现在知乎上再写产品经理的相关回答，就不再是差异化，而是同质化了，所以即使写出 90 分的内容，想有很大的曝光量也比较困难。

在播客领域也类似。我自己的观察是，"三五环"也多少占了一些当时互联网相关播客并不多的红利。

而在 2020 至 2022 年，虽然涌现了大量的生活闲聊类播客，但除非在内容上实现了很大的差异化，否则它们往往都会流于同质化，讨论的内容都是吐槽老板、感慨生活不易、推荐正念等。

B 站更是如此。以巫师财经和半佛仙人为代表的财经知识区的 UP 主，过去在 B 站不能说是凤毛麟角，而可以说是完全没有。他们快速建立了新的品牌认知，甚至定义了知识区 UP 主的风格——从表达、画面到封面图设计。

现在讲这些，很多朋友可能会觉得，这不是理所当然的吗？平台红利不是显而易见的吗？

我来描述几段常见的说法，请你感受一下。

- 你看隔壁部门的 ×××，他在 B 站上聊自己的职场感受，很快就火了啊。论工作经验，你不比他差的，肯定也能火。
- 现在视频号里像 ××× 这样的内容可多了，少说也能有……

个关注或赞同，你随便抄一下，也能做起来的。

- 你看小宇宙平台上那个播客请的嘉宾 ×××和×××，你不是也认识他们吗？你也去找他们聊一次，肯定也能行。

这些话是不是乍一听也挺有道理的？毕竟，复制别人的成功，确定性似乎更强一些。但这种做法，和前文说的要实现差异化，是截然不同、南辕北辙的。

千万不要轻易相信有关复制路径做内容品牌的任何说法。 已经成功的内容品牌自己都很难再做出完全一样的内容品牌，更不用说从外部"东施效颦"的人了。

在不同的平台发展阶段，差异化会产生不同的竞争力。在平台的红利期，也许各式各样的内容都是差异化的，比如在五年前的 B 站，财经知识类的内容是稀缺的，只要做起来就能实现差异化。这种差异化在两年前就不同了，需要在更细致的维度上下功夫，例如出镜露脸的财经区 UP 主，又实现了一种新的差异化。在今天，这些也变得不再稀缺了，需要寻找新的、更细致的差异化维度。

第三，差异化不代表完全独创，可以是局部的差异化。

在实现差异化的过程中常有两种说法：一是快速复制别人的路径，从话题到形式，有的甚至连文案都照搬过来了；二是两耳不闻窗外事，闷头做自己觉得对的事情，只顾自己就可以。

在我看来，这两种说法都失之偏颇。

实际上，大多数差异化不是要做到每个细节、每个组件都有差异，而是局部的差异化。正如前文提到的，形式的差异化、话题的差异化，都是局部的差异化，都是成立的。

很多复制和模仿实际上依赖的是成熟的制作方法，这样能够有效降低成本。比如 B 站知识区早期的幻灯片风格形式，其实是大学课堂或职场培训中常见的授课方式。必须绕开现有的内容形式，独创新的东西吗？的确没必要。更重要的是，差异化之处在于，在 B 站，这些话题是稀缺的、过去没有的。

还有些借鉴和参考取材于很多公开信息，在内容上并没有太多差异，反而在形式上有区别。

比如我的播客"半拿铁"，在表达方式和主题选择上实现了差异化，采用的往往是出版物和权威媒体上的公开信息。在"半拿铁"出现之前，也有"Business Wars"（商业战争）、"商业就是这样"这些以商业故事为主的播客，但它们不妨碍"半拿铁"实现差异化：在表达方式上采用插科打诨的对口形式，在选题上讲述少有人聊的商业历史传奇故事。这些都属于局部的差异化。

因此，局部的差异化依然是差异化，关键在于这样的差异化是否真正创造了价值、满足了用户的需求。对多数内容而言，市场中不存在，且大家需要，就是差异化的标准。

无论是内容有差异，而在形式上有借鉴、风格上有模仿，还是在形式上有差异，而内容其实参考了公开信息，这些都算是局部的差异化。在局部差异化的前提下，局部雷同都是合理的。

但内容的刻意模仿、洗稿甚至直接复制，就不算是"局部雷同"了。在知识产权方面，虽然目前内容平台还处于比较灰色的地带，但这并不是一个好的路径，因为它会让内容失去用户的信任，会破坏那些我们与用户建立起来的宝贵连接。

待在舒适区，真实自有万钧之力

媒体领域有一句话：**真实自有万钧之力**。

很多朋友在做内容、在互联网上表达自我时，关注的往往只是别人，看到别人有多好，于是自己就去有样学样，而忽视了内容背后是创作它的人，这是硬要把自己变成别人的样子。这样做会忽视自己最宝贵的部分、最值得表达的部分，那就是自己本来有的东西、本来掌握的东西。

我们说互联网是优质内容的杠杆，而杠杆也是放大器。使用放大器时，应该放大的是你本人原有的东西，而不是炮制出来的东西。

在我看到的案例中，做出格外成功的内容品牌背后的个人，我在和他们私下接触时都会有同样的感受：**他们在公众视野中的形象，和真人的状态极其相似。**

不能说这些人在公众视野中的形象没有任何表演痕迹，他们肯定会去刻意修正问题、加一些"滤镜"，使得本人看起来比真实情况略好一些。但他们大致上都是表里如一的。比如，我曾经在锤子科技工作过，其创始人罗永浩私下和在公共媒体中呈现的是同样的状态。

这个观察还可以一体两面地理解：他们起初只是把较为真实、较为自然的一面无意识地展示了出来，却由于某些机缘巧合增加了杠杆（大多是互联网），才让内容品牌得以快速确立。本质上，他们只是让更多人认识了自己。**互联网不是放大了一个虚假的形象，而是放大了一个真实的人。**

从 2004 年开始，郭德纲的相声被一些广播媒体和电视媒体录制下来，录音开始传播到互联网上，迅速成为喜剧类内容的头牌。促成这一机缘的，一方面是郭德纲当时正在尝试的相声形式很新颖，与电视中常见的相声截然不同；另一方面则是他当时正好遇到了互联网缺乏好内容的机会。对起初在天桥乐茶馆演出的德云社来说，在它的规划里，一开始肯定不包括怎样借由互联网做品牌，后来的事是很自然地发生的。

2003 年，罗永浩的经历也非常相似。他的教学风格与大部分教师惯常的风格差异很大，既好玩又有态度，于是他的讲课录音在互联网上开始流行，"老罗语录"成为当年互联网的亚文化产物。同样地，他自己并没有预料到在互联网上发生的事情，他日常就是以这种状态讲课的，诙谐是为了吸引学生听进去，理想主义的部分是为了表达自己。

我见到的很多把个人品牌做得很出色的人，无一例外都有相似的境遇。半佛仙人写了十几年的文字，最初是因为热爱，后来这份热爱变成了商业价值很大的副业乃至主业；罗振宇从事媒体行业，很喜欢带着好奇心探究各个领域背后的逻辑和道理，并与大众分享；孟岩在做投资理财相关的内容和产品的同时，从 2017 年开始笔耕不辍地撰写自己的投资实证记录。

在商业品牌中，能拥有独特气质和风格的很多产品的主理人，尤其是品牌创始人，首先都是自己产品的爱好者和超级用户。耐克的创始人奈特，自己是美国俄勒冈州的跑步运动员、球鞋的狂热用户，他的教练鲍尔曼——美国历史上最伟大的田径教练之一——后来也成了耐克的合伙人[①]；奠定任天堂基业的几位大将——宫本茂、横井军平、岩田聪，索尼游戏的创始人久多良木健，以及微软 Xbox 创始团队的成员们，他们都是资深游戏迷，玩游戏熬夜是常有的事[②]。

他们的逻辑并不是：

某个内容 / 产品 / 商业方向很不错 → 我来看看怎么做，学习一下 → 按照某种方法论做成。

他们的逻辑都是：

我太喜欢做这个内容 / 产品了 → 先做起来，然后坚持 → 在机缘之下，取得了成就。

这与前文提到的热爱与擅长，又有了一些奇妙的连接：

- 只有真正热爱和擅长，我们才能更懂得自己正在做的内容（产品），否则会迷失定位和方向；
- 热爱让我们的动力比别人强，擅长让我们的成本比别人低，这些基于真实情况出现的内容，就会更有竞争力。

过去大家常说一句话——我们要离开舒适区。离开的原因是，过于舒适，我们就不会有成长、没办法输入和学习。

这个逻辑没错。只是，做内容、做品牌并不是输入，而是输出。输入要离开舒适区才能获得新的知识和经验，而输出要在擅长的舒适区里，才能产生差异化的内容质量。

同样是商业类的播客，"半拿铁"与某些"硬核"的新闻媒体播

① 菲尔·奈特. 鞋狗［M］. 毛大庆，译. 北京：北京联合出版公司，2016.
② 戴维·谢弗. 游戏结束［M］. 吕敏，译. 北京：新星出版社，2020.

客相比，在内容的时效性、信息的独家性上，肯定不占优势；我们也并不是行业从业者，很难给出内行人的洞见。因此，如前所述，我们在"形式上的差异化"方面也算待在舒适区，是综合考虑各方面要素后找到的最佳方案。我和搭档潇磊是大学时的相声表演搭档，是20多年的相声爱好者，所以我们不担心有太多人能在这方面实现同质化，也不担心那些完全没有类似经历的人能模仿和学习。

从外部视角看，差异化是和环境中的其他人不同；从内部视角看，差异化指的就是我们做这件事更擅长、成本更低。

如果你在舒适区输出，也就不存在"坚持"这一概念了。而我见到很多朋友在浅尝辄止后就放弃，往往是因为觉得"成本太高"或者"没有足够的收益"。写几篇文章没有人读，做了几期播客没有人听，就容易放弃。

换个视角，如果这件事不是我们刻意去做的，而是我们**本来就会**做的，是不是就完全不同了呢？ **"本来就会"**，就是一种魔法，可以让我们顿时卸下所有的心理负担。

我做"三五环"，就是和身边的朋友聊天；我做"半拿铁"，就是和潇磊闲谈，聊商业故事——不管做不做得成，我都愿意去做。少楠的"产品沉思录"中的内容也是他本来就会日常整理和学习的；很多直播电商的主播也是从本来就会做的导购做起的。

即使郭德纲不火，德云社也会办下去；即使罗永浩没有现在这么知名，估计他也会在某间教室或者某个直播间里成为一个段子很多的老师。

我认识一个朋友，在公司里以撰写专利闻名，这是他很擅长的。

后来他慢慢独立出来，开始做专利撰写培训师，可以脱离公司自立门户了。这就是很好的案例：本来就会做的事情，把它做得更好，然后转变成自己的品牌资产。

这个逻辑也能否定一些命题，例如，有的朋友**大学毕业后几乎就没写过长文本，那么，想要成为一个出色的文字内容创作者就很难**，这时如果报个培训班、从头学起，且不说成本高、效果差，估计连坚持都很难做到。

但是，不能写作未必意味着无法做个人品牌。我认识的一些播客主理人就很会聊天、一些长视频创作者就很会剪辑，这些也是源于他们过往的舒适区。

总结起来就是一句话：做内容，不要去看"什么是好的"，而要去看"我能做好的是什么"；待在舒适区，让好内容自然产生。

03　匹配：
找到适合你的内容平台与内容形式

到底在哪个平台、用什么形式创作呢？这相当于在上战场之前，选好场地和武器。

有的朋友可能会说，"随大流"就好了，身边有人说小红书好，那就去小红书创作，有人说抖音好，那就去抖音创作。这是战略上偷懒的做法。我见过很多朋友，并没有思考清楚就贸然下场，结果四处碰壁，最终草草收场，他们还以为是自己不适合做内容。但其实，**并不一定是他们不适合做内容，只是他们做了不合适的内容，选错了**

"场地"和"武器"。

内容的世界并不是均匀的，并不是我们选择了一片人人称好的土壤，就能种出好的庄稼。我们应该根据自己要种的东西，选择更合适的土壤。有的地方虽然看似茂密，但地上生长的都是热带雨林植物，这里就并不适合仙人掌的种植——仙人掌的根部会因为水分太多而腐烂。

我们的目的是找到最适合自己的土壤，开垦一块属于自己的田地，持续耕耘，收获果实。

选择武器：生产成本 × 品牌价值、消费成本 × 信息密度

在尚未决定做什么内容时，面对各种内容形式，很多朋友会有疑问，比如：

- 不同的内容形式需要的能力分别是什么？
- 不同内容形式各自的利弊是什么？
- 我所能输出的内容，更适合用什么形式？

武器谱：有哪些常见的内容形式

常见的内容形式有五种：

- 长图文
- 短图文
- 长视频
- 短视频
- 音频

不妨和我一起回顾一下它们的发展历程。

在互联网内容刚刚出现时，内容大多以传统媒体的形式存在，尤其会模仿纸媒的形式。早期的互联网网站站长，乃至网易、新浪、搜狐三大门户网站的主编，不少都是媒体人。那时候的网速也限制了多媒体内容的传播，自然地，最初的内容形式就是　　**长图文**。

长图文需要完整地讲述一件事情，且不说新闻评论、科普文章或对社会议题的讨论，哪怕是最简单的日记、故事这样的长文，对大多数人来说也是不好写的，这是个很高的创作门槛。

另外，对长图文来说，即使是一个具备创作能力的人，创作一篇优质的内容也需要一定的成本，包括收集素材、整理结构、斟酌用词等。哪怕是在公众号早期时代风靡一时的鸡汤情感类文章，小编们去剪切、拼凑、缝合的成本也不低。

于是，2006 年，"微型博客"概念横空出世后，140 字符的限制创造了门槛更低、足以让信息以更快速度传播的内容形式——**短图文**。

短图文一下子降低了创作的门槛，让很多没有能力写出结构完整的文章的人可以进行创作了；同时，它也降低了创作本身的门槛，以前字斟句酌地写 2000 ~ 3000 字的时间可能是一个下午，如今创作一条内容可能只需要 10 分钟，让人不再有心理负担。

短图文也降低了消费的门槛。内容消费者（读者）快速浏览，就能知道这条内容是讲什么的，这在双向地提高信息的传播效率。正因如此，不论是外国的同类社交媒体还是我国的微博，都成了社会新闻引爆网络讨论的起源地，网友们第一时间在这里记录了前沿的图像和信息。

当然，与长图文相比，短图文并非在所有方面都占优势。短图文无法讲述很多完整的议题，集中的都是碎片信息，没有上下文，就容易出现更多情绪化、不完整的信息传播。去掉了约束条件、舍弃了完整论述，也就容易成为谣言的温床。

对创作者而言，门槛虽然降低了，但"品牌塑造"其实变难了。更容易吸引人的短内容常常是"抖机灵"和故意吸引眼球的，判断一条短内容好不好的标准，变成了时效性、趣味性和传播性（转发量），与长内容的标准截然不同。

这也是为什么长图文时代的知名创作者们，例如和菜头、梁文道、姬十三、冯唐、薛兆丰等，如今不少人依然活跃着，创作出了许多有鲜明品牌特色的内容（或产品）；而微博时代的创作者们则少有这样鲜明的品牌，要么沦为某些品牌的辅助渠道，要么成了专门运营流量的"营销号"。

在这个阶段，长图文被短图文挤占了一些市场，却并没有消亡，反而发展得更加稳健。这是因为在适合短图文的内容被分流走之后，长图文反而具备了更扎实的内容深度。可以说，在 2011 至 2017 年间发表在知乎和微信公众号上的许多内容，继承了个人博客的"衣钵"。

后来，视频内容出现了。

如果你是资深网民，应该对土豆网有印象。**真正的 UGC 内容（User Generated Content，用户生成内容），即那些能够通过长视频的创作建立个人品牌或者内容厂牌（由内容创作者聚集而成的内容机构，例如万合天宜）的内容，最初都出现在土豆网上。**不论是早期的游戏主播们，还是网剧创作者们（以叫兽易小星为代表），都是从那时开始起步的。

土豆网在经历与优酷的合并以及后续的收购之后，遗憾地退出了历史舞台。B 站继承了 UGC 的传统，该平台上汇集了大量的"搬运"内容和各领域的爱好者们自制的视频。

长视频带给用户的体验显然比长图文的体验好不少，消费门槛降低、有了视听效果，很多内容也变得更有可能性。比如，我过去都是通过阅读《大众软件》这样的杂志看游戏攻略的，而到了 2010 年之后，我就可以看别人录制的很多攻略视频了，里面既有画面又有配套的解说。

长视频带来的良好体验，背后也是"牺牲"了创作成本的结果。一个观感不错的视频，其文稿的创作成本堪比长图文，更不用说还要配上合适的画面、合适的音乐，以保证整体的效果了。在当年连电脑都不太普及的时代，剪辑也是少数人才会尝试的事情。

接下来，在图文载体上发生的事情，又一次发生在了视频载体上。随着智能手机的普及和计算性能的提升，以及互联网资费的大幅降低，短视频快速切入了内容市场，并且以前所未有的速度替代了广泛的长短图文和长视频内容。

短视频与长视频的优劣对比，与长/短图文之间的差异极其相似，比如创作门槛更低、更容易传播和流行，但同时也有了更多的噱头和"抖机灵"，属于看着热闹、过后即忘的内容，很难建立品牌。你可能记得一些这几年出现的 UP 主们——影视飓风、何同学、半佛仙人、罗翔说刑法、导演小策等，却很难想起几个让你印象深刻的短视频创作者，这是因为他们很少有"出圈"的个人品牌，常似流星划过。

音频则是极其特殊的存在，有点儿游离在这些主流内容形式之外。不论是用户规模还是商业化程度，它都比不过主流内容形式。究其原因，主要还是场景的特殊性。

音频在内容体验上比不过视频，在信息密度上又比不过图文（以及长视频）。它最核心的价值体现在时空场景中，即用户目前处于眼睛被占用，又有一定的注意力剩余，可以听一些东西的状态，比如开车、健身、做家务时等。

所以，音频是非常典型的一种内容载体，它很难替代其他内容形式，也很难被其他内容形式替代。这很有趣。我们不敢说短视频未来就不能承载更大的信息密度，不会有更多知识类、财经类的内容（虽然目前看来确实难），正如长视频过去也是以娱乐主题居多，这几年却出现了大量的职场、知识、科技类的内容，这些形式之间必然还会有更替和迁移。不过，对于音频，似乎可以相对明确地说，它与其他形式互不干扰。

从前文的描述中，你或许能发现：新载体的出现并没有"杀死"旧的载体，而是让内容形式的分工更加明确了。短图文没有"杀死"长图文，微博和微信公众号、知乎可以共同存在；短视频也没有"杀死"长视频，抖音和 B 站的 App 也能同时出现在同一个用户的手机里；视频更没有"杀死"图文，同样使用了个性化推荐的算法、使用了相似的内容形态，以图文为主的小红书和以视频为主的抖音，能同时高速增长。

互联网内容载体的演变，是一种选择性的转移，各载体各司其职，不是非此即彼、你死我活的零和博弈，而在品类上呈现出迭代和

转移的关系。内容平台会变得分工更明确、职能更完善。

过去很流行一些搞笑的图文内容。公众号里有笑话大全般的拼接文章，也曾经存在过最右 App 等各式各样的独立内容平台。不过，由于短视频在搞笑方面的"功力"更强大，所以它们成了在抖音兴起后受影响最大的一些内容平台。这些平台上的内容会被分流掉。

同样受到影响的还有新闻类的内容平台，不仅腾讯新闻、网易新闻日渐衰落，连后来居上的字节跳动公司自家的今日头条也有了疲态。如今很多人看新闻也用短视频看，认为自己获取信息的体验变得更好了。

不过对于某些品类，长图文和长视频依然有其独特的价值。比如，对新闻事件的描述可以通过短图文（微博）、短视频（抖音）完成，但对有价值的新闻事件的评论，最终往往还是会出现在微信公众号（长图文）、知乎（长图文）和 B 站（长视频）上。它们是各司其职的状态。

所以，这些内容形式，不论长短、是视频还是图文，都会长期存在，甚至共同存在于同一个用户的生活中。在做产品经理时我就深刻体会到了俞军老师说过的那句话："人是需求的集合。"同一个用户，并不是只有一个内容平台就够了。一个用户可以在需要娱乐、打发时间时打开短视频 App，也可以在想要获取信息时打开微信公众号和 B 站。这是不同的内容平台能够共存的根本原因。

前文提到过，比较主流的内容形式，就是图 2-2 中提到的这五种：长图文、短图文、长视频、短视频、音频。这些内容形式之间的核心差异体现以下在几个要素上：

- 创作成本；

- 品牌价值；

- 信息密度；

- 消费成本。

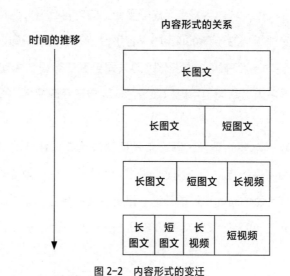

图 2-2　内容形式的变迁

接下来，我会详细介绍这些差异之处。

不同内容形式之间的差异

· 创作者视角的差异

在选择适合自己的内容形式时，我们可以从两个角度来考虑：创作成本和品牌价值。

创作成本指的是**创作单位内容需要的时间及物质成本**。

比如，创作视频，需要准备文稿，还要准备画面和声音素材，成本自然就比同样主题的长图文要高；如果要拍摄出好的画面，很多时候可能还需要打光设备，而要剪辑出好的效果，可能还需要性能好的电脑，等等。长视频是"团队作战"的可能性就比长图文要大。

类似地，长图文自然比短图文成本高，长视频自然比短视频成本高。

对长音频来说，在大多数情况下只需要安静的录制环境和剪辑。录制和剪辑的要求通常不像电视节目和传统广播电台那么高，成本是可控的。所以，长音频的创作成本仅高于短图文。

而短视频和长图文相比，我认为目前前者已经"卷"到差不多的成本量级了。早先的短视频，画面和剪辑粗糙并无大碍，而如今短视频平台实在太"卷"，创作者恨不得在十几秒的内容里用尽毕生功力，做出来的视频成本日渐攀升，所以可以放在和创作一篇长图文相同的成本位置上了，它的成本很多时候甚至会超过长图文。

注意，这里说的还是"单位内容"。其实，不同的内容形式更新的频次未必相同。比如，微博的很多创作者日更几十条内容，其单位创作成本虽低，总成本却不低。

总结来看，普遍情况下的创作成本从大到小排序如下：

长视频 > 长图文 = 短视频 > 长音频 > 短图文

我们不能无限提高创作成本，因为我们的目的是创造与用户的连接，也就是创造品牌价值。

品牌价值，指的是**单位内容能让用户留下的对创作者印象的深刻程度**。

长图文和长视频的品牌价值，显然要大于短图文和短视频。长的内容，用户消费的时间比较长，会更加沉浸其中，用户对创作者的认识也会更深入、产生的连接也更紧密，这是容易解释的。

有些朋友可能会有疑问：不能拿单条短图文和单篇长图文比较吧？这不公平吧？其实这里讨论的"单位内容"，就是指同样篇幅的内容。单条短图文如果是 200 字，用 10 条这样的短图文和一篇 2000 字的长图文比，我认为也是比不过的。短图文、短视频的特征就是碎片化的、分散在内容平台里的。你刷到一次某个内容，接下来会被别的内容转移注意力；即使你累计刷到了 10 条同类内容，效果也比不上沉浸地为一篇长图文花费 15 分钟。

长音频也是沉浸式的，用户对创作者的声音记忆是深刻的，因此其品牌价值也要高于短内容。

所以，长内容比短内容更容易给人留下印象，在品牌价值方面，"长图文 / 长视频 / 长音频 > 短图文 / 短视频"这个式子是成立的。

另外，视频内容比图文内容更容易给人留下印象，也是合理的。

视频里往往有创作者的声音、情绪和更视觉化的表达，在很多视频中，创作者自己都会出镜，给观众留下更深刻的面貌印象，这都是前文中提到过的，让连接更紧密的方式。

总的来看，不同内容形式的品牌价值从大到小排序通常是：

长视频 > 长图文 > 长音频 > 短视频 > 短图文

我们根据这样的逻辑画一个二维的对比图（见图 2-3）。可以看出，品牌价值和创作成本是大致成正比的，创作成本越高的内容，其品牌价值通常越高。

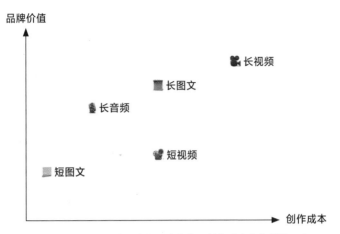

图 2-3　不同内容形式在品牌价值和创作成本上的差异

　　当然，这个对比图只能呈现大致的状况，具体到每个创作者身上，都会有差异。

　　比如，对不擅长写作的朋友来说，短视频是更容易起步的，可能创作成本比我在图 2-3 中所画的要低，是低于图文的。不过，想要通过短视频和用户建立连接、给用户留下印象就有难度了。在有了一定的短视频制作经验之后，还是需要有更长期的内容连接，让用户持续关注你、熟悉你，也许播客、图文、长视频是更适合转向的领域。

　　对于其他形式，**我们在决定做什么样的内容时就要做取舍。创作成本低，品牌做起来的速度就慢；创作成本高，就有利于快速积累并建立品牌。**

　　· 消费者视角的差异

　　从消费者视角来看内容形式的选择，有利于我们判断内容的"价值感"，从而思考怎样能够吸引用户。这是关注需求的视角。

消费者视角也可以分两个维度：信息密度和消费成本。

信息密度，指的是**消费者在单位时间内获得的信息量**。

在信息传递效率方面，文字通常优于视频，除非是一些特殊信息的传递，例如某些科普内容，视觉化的呈现方式肯定更容易被用户理解。在大多数情况下，用视频呈现同样的信息，节奏相对较慢。读一部电影的剧本和观看一部电影相比，肯定是前者效率更高。

至于音频内容，由于其大部分是陪伴型的，信息传递效率与视频类似，但又缺少了画面，所以信息密度反而一般是比较小的。

总的来说，不同内容形式的信息密度从大到小排序如下（见图2-4）：

长图文 > 短图文 > 长视频 > 短视频 > 长音频

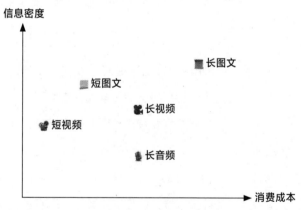

图 2-4　不同内容形式在消费成本和信息密度上的差异

不过，这个排序也不是绝对的：有的音频节目制作精良，信息密度也足够大；有的图文比较冗长，反而不如视频的信息效率高。

那么，为什么图文明明在信息密度上要大于视频，可在现实情况中，用户反而更倾向于在短视频平台"刷刷刷"呢？这就涉及第二个维度的用户价值——消费成本。

消费成本指的是**消费者需要付出的心力成本，以及对背景信息的储备**。

想必我们都有这样的体会：一旦开始刷短视频，往往能快速进入"忘我"状态，不用思考，可以完全沉浸在内容里。这是因为节奏快的、能持续刺激感官的短视频，大大降低了我们的内容消费门槛，让我们付出的心力成本降低了。

有些经典作品，尤其是小说，阅读者的数量通常有限。然而，一旦这些作品被翻拍成了电影或者电视剧，观众数量就明显增多了（读过《活着》和《哈利·波特》原著的人数，就比电影观众少得多）。

心力是个看似很抽象的概念，实际上在行为心理学中早有不少相关研究。诺贝尔经济学奖得主丹尼尔·卡尼曼的畅销书《思考，快与慢》中就提到，人脑有两个系统，系统1依靠直觉、处理简单问题，耗费的成本低，而系统2则负责理性思考、处理复杂问题，耗费的成本高。能用系统1解决的问题，就不调用系统2，这是人类在进化中在成本层面上的考量。所以，需要调用系统2的阅读行为，就比更依靠直觉的视听行为，花费的心力更多。[1]

在心力之外，还要考虑到消费者的背景信息储备情况。过去的很多视听内容（电视、广播、杂志等）是精英文化的产物。我们的资源有限，当然要先把资源集中提供给最优质的内容，这势必会提高内容

---

[1] 丹尼尔·卡尼曼. 思考，快与慢［M］. 胡晓姣，李爱民，何梦莹，译. 北京：中信出版社，2012.

消费的门槛。毋宁说，在古代，连文字都曾是精英阶级的特权。

抖音、快手等短视频平台的出现，让大量门槛更低的内容可以不受限制地被创造和传播，并形成影响力。这看似是"文化冲击"，其实更是文化的"平权"。

这正是低消费成本、低消费门槛带来的全新的内容空间，对创作者来说，可以叫作红利，也可以叫作蓝海。原则上，只要找到你的目标用户，目前的互联网条件就可以让他们快速接触到你的内容并与你产生连接。

从另一个层面说，消费成本也决定了内容的用户群体和用户画像。你在用什么形式做什么类型的内容，就已经决定了会有谁来消费。

选择场地：用户黏性 × 获客难度、商业化 ROI × 流量规模

内容形式与内容平台有很强的耦合关系。比如，提到短视频，人们自然就会想到抖音和微信视频号；提到长图文，人们自然就会想到微信公众号和知乎；而提到长视频，人们自然会想到 B 站。

但这些都不是绝对意义上的。在发展的过程中，不同的内容平台如今的交集越来越多。B 站也引入了"Story"（其实就是竖屏短视频），抖音也有了图文和长视频，小红书也引入了短视频。与其说这些平台是不同内容形式的代表，不如说它们是不同人群和需求场景的代表。

我们接下来会谈到的平台主要包括微信公众号、抖音、小红书、微博、B 站和播客（播客虽然不是一个平台，但小宇宙 App 和苹果播客的逻辑类似，我把它们视为同一个平台）。

不同平台的用户人群和场景

我收集了多份与内容平台相关的统计数据[①]，把一些重要维度的数据重制了一下，在这里与你分享。

从用户年龄的视角看，各个平台的用户年龄分布情况一目了然[②]。在图 2-5 中，不同的用户年龄段用不同的色块区分，由下向上，用户的年龄逐渐增大。

如图 2-5 所示，B 站和播客的用户最为年轻，35 岁及以下的用户占了 80% 左右，它们是非常年轻化的平台。小红书和微博的用户在年轻化方面次之，35 岁及以下的用户占比 70% 左右。微信公众号的用户位于其后，30 岁以上和 30 岁以下的用户可谓"平分秋色"。相比之下，抖音的用户年龄分布更为均匀，51 岁及以上的用户约占 22%。

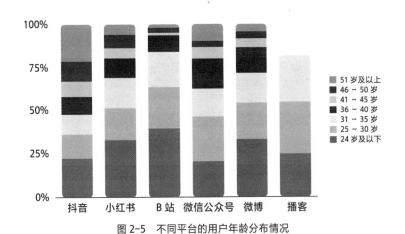

图 2-5 不同平台的用户年龄分布情况

---

① 数据来源：《QuestMobile 2023 年新媒体生态洞察报告》、新榜发布的《2023 新媒体内容生态数据报告》、CPA 发布的《2024 年播客营销白皮书》，以及《2023 微博年轻用户发展报告》。
② 播客的统计数据缺少 35 岁以上的用户年龄分布情况，但不影响我们的整体判断。

这些数据与我们日常的感知也颇为相似：很多家中的长辈会使用抖音，而微博和小红书用得就少一些，B 站和播客则更少了。

从用户的性别分布看（见图 2-6），B 站和微信公众号的男性用户略多，微博和播客的女性用户略多，而小红书的女性用户明显更多，抖音的用户分布则相对均匀。

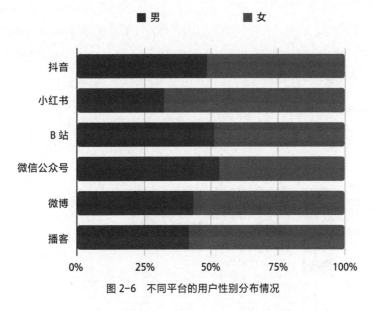

图 2-6 不同平台的用户性别分布情况

对这几个主流平台而言，性别的分布并非最关键的因素。即使是女性用户在绝对意义上占大比例的小红书，就其破亿的日活而言，每天也有几千万的男性用户在消费平台上的内容。作为创作者，我们不用担心自己的内容没有人看。

　　以用户所在的城市类型看，大致分布情况如图 2-7 所示 [①]。可以发现，身处一线城市和新一线城市的播客用户占比最高，约为 75%，远超过其他平台。这说明播客的用户群体是平均收入较高和平均文化程度较高的（当然，这与其对内容消费的需求高低、获得其信任的难度，以及其为内容付费的意愿如何，并无正相关关系）。

　　继续观察图 2-7 可以发现，小红书和 B 站的一线和新一线城市用户占比超过 30%，微博紧随其后。至于抖音，其一线和新一线城市用户的占比最低。

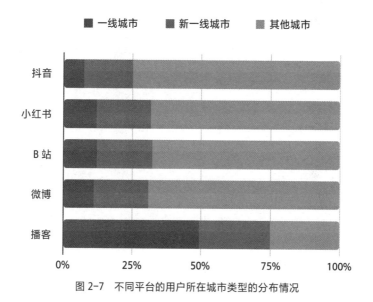

图 2-7　不同平台的用户所在城市类型的分布情况

---

① 微信公众号的用户数据缺失。

对创作者来说，在考虑自己擅长和喜欢的内容的同时，也要思考这个问题：你的内容，最能够与哪个平台的用户产生共鸣？

看看目前不同内容平台上最主流的类目，就能更直观地感知不同平台的特色。表 2-2 列出了用户消费量占比最高的五个类目（统计结果依据的是平台已有的内容）。一方面，它们代表着平台上比较受欢迎的类目，是内容创作的风向标；另一方面，它们也代表着平台上已经趋近于饱和的类目，也许直接"跟风"并非良策。

表 2-2　不同平台的用户消费最多的五个类目

平台	类目
抖音	美食、家居家装、时尚、汽车、母婴亲子
小红书	穿衣打扮、兴趣爱好、影视综艺、美食、家居家装
B 站	游戏、生活、知识、娱乐、音乐
微信公众号	民生、政务、教育、体育娱乐、文化
微博	明星、影视综艺、游戏电竞、美妆、情感
播客	社会 / 文化、知识 / 阅读、历史 / 人文、个人成长、喜剧 / 幽默

最理想的情况还是，我们找到喜欢这些类目的人群，想想他们有可能还喜欢什么。

B 站在过去是以二次元、游戏、生活等主题为主的年轻人平台，2019 年起，何同学、巫师财经、半佛仙人、罗翔说刑法等 UP 主入驻 B 站，成为一股新的力量，开辟了全新的类目。2020 年，B 站正式上线"知识区"，此后它成为 B 站的重要板块。这背后的逻辑是，以"95 后"为主的一代年轻人，正在走上工作岗位，他们在满足兴趣爱好需求的同时，也开始有了对财经、职场等领域知识的需求。彼时，做知识领域的内容就是顺势而为的选择。

播客领域也发生过类似的事情。在 2021 年之前，播客的类目还是以人文话题和生活话题为主，财商类的播客节目并不多。2021 年，"商业就是这样""贝望录""声动早咖啡""半拿铁"等播客节目陆续上线，满足了同一批播客听众的另外一部分需求，此后，商业类的播客节目也成了播客领域中的重要板块。

我们需要思考类目，然后思考类目背后的用户，再思考用户背后的需求。

用户黏性与获客难度

有些人可能会发现，自己在内容领域持续耕耘一段时间后，用户却像过客一样，来来去去，并没有留下来。这就像前文中提到的那类我们小时候见过的数学题：水池有进水口，也有出水口，进的水虽多，出的也不少，最后池子里的水还是会排空。他们认为，实际情况根本没有前文说的那么理想：什么额外的品牌价值、什么"俄罗斯套娃锅"，都不存在。

很多时候，问题并不出在我们自己身上，而是我们选择的平台并不合适，具体来说，就是有的平台天然缺乏用户黏性。

用户黏性指的是，创作者在一个平台上能否建立一个好的品牌形象——无论是消费品品牌，还是个人品牌。

用户黏性取决于内容的长度，也取决于内容的风格和类型。比如单纯搞笑的内容，它的流量也许很大，但如果没有独特的风格，大家就对它留不下印象，创作者也就没有品牌可言。

可以用一个混剪搞笑片段的账号和 papi 酱的账号进行对比。前者用户即使看过也不会记得是谁做的，平台上的同质化现象很严重；而后者每次的选题都很有特色，papi 酱会自己出镜，她的整体视频也有一致性的风格。这样对比一下，papi 酱就能给人留下很深的印象，也就有条件建立起用户黏性高的品牌。

在我看来，用户黏性比较高的，还是长内容：微信公众号的用户黏性最高，播客和 B 站的用户黏性也很高。知乎也是以长内容为主的，为什么我把它排得比较靠后呢？还是因为知乎的内容分发逻辑不同。知乎的内容消费主要是围绕问题展开的，而不是围绕创作者展开的。虽然知乎上也有"大 V"出现，但对于大家不关心的问题，"大 V"的回答也很难有影响力，哪怕其关注人数很多。

所以，总体上，知乎可能和小红书、微博的用户黏性差不多（见图 2-8）。这几个平台都是有关注关系的，少部分人会通过自己的关注列表看内容，而大部分人还是会通过推荐或搜索。

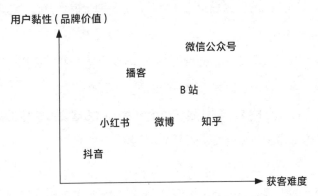

图 2-8　不同平台的用户黏性和获客难度分布情况

在抖音上则是极难做品牌的。的确有厉害的头部创作者可以做到每条视频的曝光量都很大、给用户留下深刻印象，但大多数创作者往往只有少数爆款内容。这也和平台的内容分发逻辑有关，抖音完全依赖算法，本质上也就是内容的受欢迎程度。

在别的平台，用户也许会因为信任、因为习惯，去看你的新内容。但在抖音，推荐标准往往只能是内容受欢迎的程度。也就是说，即使一个创作者的某条短视频成了爆款，这也并不意味着他接下来创作的视频能轻易地直接被其关注者全部看到。这是"赛博佃农"的逻辑。

赛博佃农是和菜头提出的概念，它的意思是，如果把平台当作地主，把流量或者用户的关注当作产出的粮食，创造内容的人就是租借土地的农民，也叫作佃农。地主自己几乎不会下地劳作，而会把土地租给佃农。

赛博空间的佃农逻辑，与传统的佃农逻辑有差异：内容评价的成本很低（用户很容易给出反馈）、切换的成本很低（15 秒后平台就可以推送下一个"佃农"的"粮食"），再加上平台可以"雇用"无数个创作者来"劳作"（建立账号、上传内容的服务器的边际成本很低，可以视为"土地"资源无限）。这样就让这种模式更容易循环了，可谓"铁打的平台，流水的佃农"。尚未成功的佃农不断尝试，试图追赶已经功成名就的佃农；而已经有成绩的佃农，一旦本周期"产粮"不佳，就会被快速抛弃。对平台而言，由于其为用户提供了品质稳定的"粮食"，这种商业模式是稳赚不赔的。

作为创作者，把自己置于佃农的位置上，就会陷入这种逻辑。幸运的少数人当然可以实现大的跨越，在短期内获得杠杆极高的收益；而大多数人则会在这种逻辑里不断地碰撞、不断地付出沉没成本，他们也没有真正的资产可言。

真正的资产还是本书所论述的，由内容形成的品牌。它是跨越平台、跨越形式的，是用户对创作者持续的、稳定的认可。

在用户黏性之外，选择内容平台时，我们还要考虑**获客难度**。

获客难度指的是内容形式或平台的内容分发逻辑对新人是否友好。虽然抖音是不利于做内容品牌的，但在抖音上做出一个爆款视频的难度是比较小的。用户黏性和获客难度，在一定程度上成反比。

比如，在微信公众号这样的平台上，大多数读者都是通过自己的订阅列表，或者熟知的作者找到内容的。那么，如果想从零开始做一个账号，难度就相当大了。即使有好的内容，也很难在短时间内传播出去。抖音则像是一群创作者在一个大池子里共同去"卷"，只要内容还可以，就有出头的机会。类似的还有小红书，它使用的也是同样的逻辑。

播客目前还处在起步阶段，或者说发展期，在这个时期，好的内容容易被发现，小宇宙和苹果播客等平台对新人也相对友好。微博和B站，则介于这两种很难和比较容易的平台之间。

在用户黏性和获客难度这两个要素之间抉择，的确就是鱼和熊掌的问题。如图 2-8 所示，越趋于右上角，品牌就越容易建立，但"冷启动"时间会特别长；越趋于左下角，也许很快就能获得关注量，但长期来看，品牌也会越难建立。

商业化 ROI 与流量池规模

一个期待能持续做内容的创作者，不仅要关注能否留下用户，还要关注是否有正向的反馈。对大多数人而言，其中最重要的，就是实现商业化的可能性。这种可能性，并非随着时间的推移就会自然出现，很多时候我们也要站在起点，思考终点，理解对于创作者而言，在不同的内容平台上，商业化的价值和可能性分别有多大。

这里就涉及两个要考虑的因素：商业化 ROI[①] 和流量池规模。

先解释一下，商业化 ROI 是指，创作者在一个平台上让用户产生信任感之后，在尝试实现商业化的过程中，单位收益（直接或间接）除以单位成本（内容创作）得到的结果。

微信公众号、B 站和播客的溢价情况是比较显著的。它们的商业化 ROI 较高，主要是因为这些平台上的内容往往属于长内容（见图 2-9）。

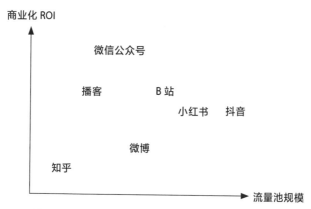

图 2-9 不同平台在流量池规模和商业化 ROI 上的差异

---

① ROI 即投资回报率或投入产出比（Return On Investment）的简称。——编者注

一方面，这些平台上的内容占据的用户消费时长是更长的。试想一下，你的抖音作品即使得到了大量的曝光，每次曝光时长大约也只有 10 秒，也许大家记得你创作的"梗"，却未必能记得你是谁。想要在这方面有所突破，依然需要更多其他内容的加持。

我自己印象颇深的一位创作者是李雪琴，我最早关注到她，是她最初在短视频平台上传播甚广的内容：站在清华大学门口对明星喊话。那时她常被当作"蹭流量的网红"。这样的"网红"也许在登上过一次微博热搜后，就籍籍无名了。而李雪琴抓住了机会，两年后参加了《脱口秀大会》，继而参加了更多综艺，创作出了更多长内容，终于让大家记住了她，如今她已经成了知名的"综艺达人"。当然，她后来的经历超出了本书讨论的内容范围，但是，想要有个人品牌，需要从短内容迁移到长内容，这是必经之路。

另一方面，长内容也的确更容易让人产生信任。

我们在做出消费决策时，要考虑不同的信息才能做出判断。如果是买一包零食、买一盒纸巾，对我们来说，短视频足以让我们冲动消费。然而，当我们需要做出更重要的决策（通常是单价更高的决策），例如买房、买车时，我们就很难以短视频作为参考了。常见的决策方式，就变成了看大量的评测、论述和分析，我们相信的是言之有理的长内容。简单概括一下，就是微信公众号、B 站和播客等平台上的内容，在客单价高的决策上更有说服力。

所以，即便我们发现做长内容比短内容要付出更多的成本，这也未必意味着这些成本得到的回报是成同样比例的，因为长内容有时会有更高的商业化 ROI。

当然，同样要遵循鱼与熊掌不可兼得的逻辑——只看商业化 ROI，并不是唯一的视角。我们还需要考虑流量池规模，也就是整个平台的"池子"有多大。举个例子，想要在抖音上被 100 万人看到，难度并不是很大，但想要在播客平台上被 100 万人听到，可以说是非常困难的。

不过，流量池并不是我们需要着重关心的。根据我整理的一些2023 年的报告呈现的统计数据[①]，不同平台的月活跃用户数量，除了播客在 1000 万左右徘徊，几乎都在 2 亿以上（见图 2-10）。在如此大的规模之下，在其他平台上比较难碰到所谓的"天花板"，而选择做播客，则要谨慎一些。如果我们对收入的预期并不是太高，期待的是能够养活自己或者一个小团队，这是可以的；如果我们想要成立一家内容公司，做大做强，也许很快就要面临流量池不够大的瓶颈了。

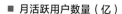

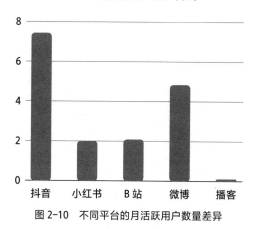

图 2-10 不同平台的月活跃用户数量差异

---

① 数据来源：《QuestMobile 2023 年新媒体生态洞察报告》、新榜发布的《2023 新媒体内容生态数据报告》、CPA 发布的《2024 年播客营销白皮书》，以及《2023 微博年轻用户发展报告》。

　　总的来说，商业化 ROI 和流量池规模的确是我们需要考虑的因素，不过它们是我们进行内容创作时最后要考虑的因素。

　　当发觉数据增长遇到明显的瓶颈时，也可以寻找其他方式解决问题，有时会出现"车到山前必有路"的机遇。比如，半佛仙人的微信公众号在科技自媒体领域遇到了增长的瓶颈，于是他主动开始在 B 站做长视频。从长图文向长视频的迁移在逻辑上是顺畅的，付出的成本也相对没有那么高（主要是剪辑方面的成本）。而且，B 站的用户对相关内容的需求量，要比微信公众号大出好几倍。

　　只要相信自己的内容有价值，平台就并不会限制我们的创作空间。

　　对比完这些平台，我还有三条简要的建议。

　　第一，在选择内容平台时，除了要考虑各种客观因素，还有一个很重要的因素是我们对平台的熟悉程度。

　　我自己就深有体会。说到微信公众号文章怎么写、播客怎么做，我是熟悉的，因为我本来就是它们的重度用户。但做 B 站视频我就感到很吃力，因为 B 站的大多数用户是年轻人，我对他们不够熟悉，所以发现和理解他们的偏好对我来说就变得困难了。

　　第二，在选择内容时还要考虑自己的长远目标。

　　比如，要是想做个副业、赚点小钱，在任何平台都不会遇到天花板，做一个小播客也许就够了。但要是想打造一个比较大的消费品牌，仅仅将播客当作宣传内容品牌的渠道就会困难得多，相比之下，在微信公众号和 B 站宣传可能会更容易一些。

　　第三，场地和武器的匹配问题是我们要反复思考的问题，但并不是我们唯一需要思考的问题。

　　在遇到很多想不清楚、想不明白的问题时，不妨尝试快速实践起来。在实践中，我们能得到更真实、更有效的反馈。这就是接下来要讨论的内容了。

第三章
开始第一步，迭代中进步

在大致确定了自己擅长和热爱的领域、想要尝试的平台和内容形式后，接下来要做的，并不是很多规划和分析工作，甚至不是把你现在正在读的这本书完整地读完——你大可以马上把这本书放下，立刻开始你的内容创作。

内容创作是要在实践中不断迭代的。在本章中，我会介绍一些实践的方法，以及我通过实践总结出的一些创作技巧和方法，供你参考。

01　草率的开始，胜过深谋远虑的蛰伏

很多人想成为内容创作者，后来却没有成功，大多数都是因为没有开始，而不是因为尝试后发现走不通。

我有一个朋友，想要做播客已经想了两年多，一直在反复琢磨形式、主题之类的细节。他翻阅了大量的资料，也通过朋友关系见过很多播客的主播。后来他很多次想要开始，却总是被各种原因给打断了：有时是工作很忙，耽误了；有时是设备挑选了很久，没有找到满意的；有时是发现选好的主题被别人讲过了；有时是对准备的稿子不

满意，还是删掉了……两年多过去，准备工作花去了他不少成本，内容倒是一点都没见到。

这是产品领域中常见的现象：完美主义。很多人在做产品时，希望自己的产品一经问世，就是几乎没有缺陷的、处处精致的。我们都知道这不可能。我们今天使用的互联网产品之所以界面精美、交互顺畅，是因为做出产品的公司如今有充足的预算，请得起更贵的设计团队；如果回头去看产品的早期版本，往往会发现，它粗糙得超出一般人的想象。

内容领域也是如此。如果去翻看大多数内容创作者的早期视频，无论是文本还是画面，无论是声音还是节奏，都和他们现在的作品不可同日而语。内容都是通过迭代才能成为今天的样子的，而今天的内容是过往所有版本中最好的一个。如果一开始就以最高品质的标准来创作，会大幅提高创作成本，也会影响我们创作时的心理预期。

一开始录制播客"三五环"时，我选定的就是自己本来也要和朋友聊天讨论的内容，只是多放了一部手机在桌面上录音，我们几乎是没有提纲、没有主题地去聊。这就是在以最低成本的方式先开始尝试。等"三五环"有了一定的订阅量后，我才慢慢形成了提前准备大致的主题和提纲的习惯，也购买了一些更专业的设备。这些都是从听众的真实反馈中得知的、我当时最需要解决的问题。如果把有限的资源投入到无限的问题中去，做内容就会变成一件非常令人苦恼的事情。

同样地，播客"半拿铁"也经历了很多次变化。如果你去听早期的节目，就会发现我们的主题、风格都还没有确定下来，整体的品质也有些粗糙。但这并不影响我们先启动起来、先让一部分人听到，让他们给我们真实的建议，让我们的内容慢慢成长为如今的样子。

所以，当你想要做内容时，最重要的就是先开始。内容创作和火箭制造不一样，火箭需要先排除所有问题再升空，因为成本实在太高了，而内容创作不会让我们失去什么，哪怕一开始质量有些粗糙，但相信我，最早的用户一定会体谅你的。

我的朋友，喜剧演员、播客"基本无害"的主播毛冬就曾经说过一句话："草率的开始，胜过 100 次深谋远虑的蛰伏。"我深以为然。

草率的开始，不代表不进行思考。无论是做产品还是做内容，你可能都会听到两种说法。一种是：需要认真研究市场、分析用户、推演逻辑，才能做好内容，先别着急开始；另一种是：别想那么多，先试试再说，不试怎么知道对错呢？

这两种说法都有道理，但都有片面的地方。实际上，**对做内容而言，迭代复盘很重要，和规划同样重要**。任何产品和内容的成立都与这两个要素息息相关：规划、迭代。二者缺一不可。

规划既是事前的考察，也是实践过程中的不断反思和迭代。这个迭代的逻辑可以参考我写的第二本书《产品思维：从新手到资深产品人》中的图示（见图 3-1）。

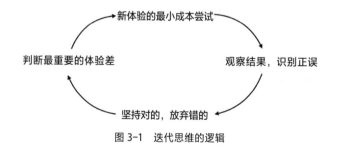

图 3-1　迭代思维的逻辑

在以最小成本进行尝试时，要先多想几步，但只要有了雏形，就可以先去试试。接下来则要让市场（用户）检验，在得到结果之后，坚持对的，放弃错的，再看看需要做什么新的事情，然后进行调整。

成本最低，精力最少

在产品设计领域有着"最小可用版本"的说法。这里包含两个重要的概念：最小和可用。

最小指的是成本要最低。这就和"待在舒适区"相吻合了。只要是能以低成本尝试的、做起来不费劲又挺喜欢的事，我强烈建议你先试起来。

有的朋友想做播客，第一个选题想了半年还没想出来，总觉得不够满意。可是既然没有试过，想出来的几十上百个方案里到底哪个更好、哪个更糟，根本是推理不出来的，应该通过实践检验出来。

做任何内容都要精心准备，这种心态是没错的，只不过，究竟要"精心"到什么程度，不同的人就有不同的理解了。

比如做播客，很多人以为必须有专业的录音设备，光研究设备都研究了很久，花不少资金置办了昂贵的麦克风和声卡，甚至租用很贵的录音室，还要请专业的剪辑师，成本一下子就提升了。

这还只是硬件方面的成本。有的朋友会在一开始就写非常细致的提纲和很精细的录制剪辑流程，导致一期播客的制作周期非常长，做出来已经让人精疲力竭，完全不是最低成本的状态了。这样很可能没做多久就觉得又累又没收益，最后就放弃了。

　　另外就是，前期做了太多准备、投入了太多精力，反而会很难看到我们想了解的真相。例如：我们的话题定位是否真的吸引人？我们的内容形式是否真的实现了差异化？我们的内容是否真的能够引起用户强烈的情感共鸣？这些当然要进行前期分析，但是不是真的有效，还需要实践检验。在把一个要检验的问题的变量设置得过多后，我们就很难得到准确的答案。

　　最低成本的内容形式，方便我们转型，不会出现太多的"历史包袱"。当我们真正摸索到可行的方向时，可以在此基础上进行迭代，丰富内容。

　　比如，我是在"三五环"做了50多期的时候才换成了较为专业的设备，在这之前比较随意，往往是用手机直接录音，尽量减轻我的压力。选择在这个节点更换设备，也不是规划分析得到的结论，而是听众和嘉宾反馈说，他们觉得音质问题比较大——这成了当下用户觉得比较重要的事情，于是我才换了音质更好的设备。剪辑也类似，我在前期制作内容时常常是一刀不剪，或者只简要处理一些严重的问题（口癖、错漏等），到了第100期左右才真正引入了一位制作合伙人严格，请他协助进行精剪。

　　再比如，视频创作者半佛仙人也是在B站做到起量且有规模后才创立了公司，并聘用了一些全职员工协助制作视频。

守住底线，快速试错

　　可用意味着什么呢？它意味着我们要做的内容，在第一个版本出现时，最好能体现我们的核心特征。

很多内容的差异化在于选题，如果你未来想要聊产品经理的相关内容，自然不能在最开始时聊美食；很多内容的差异化在于形式，如果你未来想要做播客，今天自然也不能用写文章的方式做准备。正如我们想要成为一名好厨师，也许要从开一家小店做起，一开始食材可能会粗陋一些，但风味要足够好，不能煮出半生不熟的饭。

"三五环"虽然起初的音质和听感差了一些，但内容本身满足了听众最核心的需求——想要了解差异化的、在别的地方听不到的信息和经验。我邀请的嘉宾分享的内容是独特的，聊的话题围绕的是"怎样看待在三环和五环之间的年轻人的工作生活状态"。这个主题也就是内容的核心，几年过去了也没有太多变化。这第一个版本就算是"可用"的版本，它能检验出听众的真实反馈。

对播客来说，质量差到什么程度就不算"可用"了呢？前文也提到过很多例子，都是在实际的场景中收到的反馈：

- 声音过于刺耳，或者太闷，听不下去；
- 主播口音过重，听不懂；
- 冒犯性太强、有太多脏话，引人不适；
- 内容太松散，听不到有价值的信息；

……

可以看出，这些都属于"底线"类的问题。举一反三，图文的排版很混乱、读者看不下去，视频的配乐盖住了 UP 主原本的声音、影响了信息传递，这些也都属于"底线问题"。而图文中用的字体究竟是细黑体还是中黑体、视频的打光用的是灯光还是自然光，这种涉及精细化处理的问题，往往不是我们起初要考虑的重点。

最后想提醒你注意的是，拿出"最小可用版本"不仅在起初做内容时就要考虑到，而且也是未来做出每一步决策时都要采用的策略。

当你想要尝试一些新的变化时，也要遵循"最小可用版本"的原则。

比如，当播客或者微信公众号文章已经做得比较成熟、发展态势稳健之后，要不要考虑视频化？这时，如果直接投入大量的资源和精力去做视频，可能会得不偿失，反而应该先快速尝试一下，用低成本做视频的效果如何。说得更具体一点，如果以前做的是播客对谈的形式，想要做视频，也可以继续做成对谈，只不过镜头拍摄的就是对谈的内容，这样的视频化方式更容易过渡，也能快速试错。

实际上，很多播客，尤其是海外的播客，都是用这种低成本的方式做视频的，不少播客用户是在视频网站上"看"播客的。我们熟悉的《锵锵三人行》和《圆桌派》等节目，去掉画面不也就成了播客？

我自己创作的技巧和方法就是在迭代中慢慢整理出来的。它们不来自什么内容创作的"宝典"，也不来自反复的推演和猜想，而来自多年的内容创作实践。

02　我的六个创作技巧

我有一些属于自己的创作技巧，是日常积累而来的，有时甚至变成了自己的"肌肉记忆"。比如，我在表达一些观点时会很自然地想到，是否有好的案例能够说明它？这个案例是否能用更好的形式表达出来？它是否可以变成一则让人更有共鸣的故事？

我总结出了六个自己经常用于内容创作的技巧，它们也有一定的共性，希望能够帮到你。

讲故事

当我们想要传递一个观点，比如"内容创作要坚持长期主义"时，我们用怎样的方式去讲述它更好呢？

第一种方式：讲述长期主义的概念，讲述大量的逻辑乃至公式。

第二种方式：讲述统计学的数据，讲述大多数坚持长期主义的创作者能获得的回报。

第三种方式：讲述身边两三个依靠长期主义获得回报的人的真实故事。

哪一种会更加打动人？从我个人的实践看，答案明显是第三种。

用户与内容产生联系，往往都是从听到一个故事开始的，这是个颠扑不破的道理，是根植在人性里的。

好的故事总是有"四两拨千斤"的效果。在"三五环"最受欢迎的几期节目中，有两期都是关于创业开店的，半佛仙人讲了自己开九个店的惨痛故事，沈帅波则讲述了他收集的身边人开店的失败故事。这些故事有令人惊奇的角度，也有真实的逻辑：店址的问题、成本的问题、合伙人的问题、合作伙伴的问题、产品定位的问题、竞争对手的问题……但说实话，看到这一堆表述，你会不会已经感到疲劳了？而一个亲身经历的故事——例如，竞争对手是如何雇人在讲述者的餐厅门口故意呕吐的——就不一样了，能让人愿意了解更多细节。

我们从小就喜欢听故事。从童年时期的童话故事，到青少年时期的武侠故事、漫画故事，以及激励我们选择专业的科学家、发明家的故事，再到后来的职场故事、身边的八卦故事，能够带来非常规体验的影视剧里的罪案故事、情感故事、历史故事，我们都喜欢听。故事始终围绕在我们身边。对我们来说，它们带来的不仅是简单的情感陪伴，它们实际上构成了我们对世界的认知的一个层面。

在著名的历史书籍《人类简史》[①] 中，作者尤瓦尔·赫拉利就提到了一个观点，让我印象深刻：人类是生活在故事里的。试想一下，"公司"是真实存在的吗？公司貌似是有实体的，就是公司的办公空间，但是公司也可以搬走。如今，也有新的公司形态出现，比如远程办公的公司可以没有实体的存在。那么，维系公司的东西是什么？实际上是每个人对公司故事的相信——相信大家在做的项目能够推进，相信自己会稳定地收到工资。

正因为早期的某个人类领袖讲了一个看似合理的故事，吸引大家共同为一个并不明确的目标去战斗、去建设更强大的部落，才慢慢形成了社会组织。故事的力量根植在我们的心里。

讲故事的效果当然和讲故事的技法有关，我们小时候上语文课时可能都学过，故事的要素包括时间、地点、人物、起因、经过、结果等。这种程序化的部分我们很快就能掌握，按照规则来就可以了。如

---

① 尤瓦尔·赫拉利. 人类简史：从动物到上帝 [M]. 林俊宏，译. 北京：中信出版社，2014.

果做的是音频或者视频，当然要设法制造故事情节的关键点，让用户能够听（看）出转折、听（看）出起伏。在文学作品和影视作品里，有很多可以参考的例子。

而真正要把故事讲好，还有几个对内容创作者来说颇为关键的要点。

第一，讲故事，需要真诚。

最真诚的讲故事方法，就是讲述自己的故事。我在"三五环"中邀请过的一位嘉宾——喜剧演员黑灯是一位视障人士，他讲述了自己在日常生活中的荒诞经历，比如盲道对他没有太大帮助、由于看不清观众而引发的尴尬等，这些故事就会让人非常容易代入，让听众觉得视角独特、深有共鸣，哪怕他们自己并不是视障人士。

第二，如果没有自己的故事，也可以讲述别人的故事。

只要这个故事足够真实，是实际发生过的，就能引起用户的共鸣。

第三，如果没有真实的故事，也可以善用比喻故事。

古代寓言故事之所以能流传至今，而虚构的科幻故事、魔幻故事也能让我们动容，是因为大家虽然知道故事是假的，但背后的道理是真实的，故事中对社会的描绘、对人性的探讨，都是真实的。我常常惊叹于很多单口喜剧演员能把一个类比出来的、没有真实发生过的故事讲得那么精彩，让听众确信，这件事是会真实发生的，哪怕它还没有发生。这是对一个比喻故事的极高要求。但是，滥用比喻，反而会失去真实感。

第四，不要编造故事。

比喻的故事和编造的故事，是有区别的。编造的故事指的是伪装得很真实的故事，可能会演变为谣言。虽然有的故事很吸引人，但容易露馅：轻者会让用户丧失信任，而一次信任的丧失，可能需要再产生十次好感才能重新建立；重者还会涉嫌传谣，会受到法律的审判。

总的来说，讲述自己的故事 > 讲述别人的故事 > 讲述比喻的故事 > 只陈列数据和观点。

拉片会

有位朋友对我说，他对自己做的内容有一种所谓的"羞耻感"，就是不太喜欢回顾自己做过的内容，自己的播客不会去听，自己的文章也不会去看。这种羞耻感我当然可以理解，但它会成为迭代过程中最大的敌人。

在已经很成熟的影视剧和综艺行业，拉片会是一种常见的机制，导演和制作团队会反复回看之前做过的内容，逐帧寻找可以优化提升的空间。据说，有的团队（例如《流浪地球》的剧组）甚至会提前完整地拍摄一遍，把每个分镜都做到足够精细，再执行真正的拍摄任务（这被称为动态预演）。这种对内容的极致追求，才能满足工业化生产的高要求。

这种拉片会是内容创作过程中能找到问题、进行优化的成本最低的方法。我们需要做的，就是仔细地把自己做过的内容复习一下、感受一下。如果你是播客的主播，就完整地听几遍自己的节目；如果你是视频作者，就完整地看几遍自己的视频。把自己当作用户，用这种方式体验出的问题，比猜测来得更准确。

拉片会是"文化有限"的主播杨大壹向我提到的理念。截至2023年初，他与超哥、星光共同主理的这档播客，已经成为中文播客中订阅量最多的节目（当时它在"小宇宙"App上的订阅量就达到了80万）。他们三个人保持着一个习惯：轮流剪辑。并不是他们不愿意花钱请剪辑师，或者刻意要共担成本，而是他们发现，唯有自己剪辑、逐句听完录音，才能感受到自己的表达有怎样的问题。

在录制时，我们的大脑会更多地关注自己表达的内容，同时不会太关注表达的语气和状态。我们只有在认真听自己的表达时才能意识到其中的问题。最典型的问题可能就是口癖，很多人都有"就是说""我觉得"等口头禅，可能他们在表达时对此是无意识的，但在录音中听起来就会格外突出。只有自己剪辑、自己观察，才能发现这种问题。

很多提升自己的方式，在于借鉴别人的方法、与别人比较，而拉片会则是与过去的自己比较。我就有一个习惯——定期阅读自己一年前写的文章、听自己一年前录的播客。如果感受到的不少问题今天已经不存在了，就说明我是在往好的方向迭代；如果问题一如既往，我就要反思，这一年有没有真正进步、有没有真正努力。

在产品领域，成为自己产品的超级用户也是一个默认要求。乔布斯对iPhone的大量判断，来源于他每天对样机的高频使用；宫本茂能创造超级马里奥、塞尔达传说等系列游戏，来源于他自己就是狂热的游戏爱好者。不摆脱对自己内容的羞耻感，就很难亲身感知内容中存在的问题。

素材库

我身边的朋友常常会问我一个问题：你如何做选题？有没有一种好方法，能够让你在需要选题时，就能按部就班、按图索骥地找到好的选题？

其实选题往往都不是按照一套方法严格执行就可以做好的。大多数内容创作者没有非常固定明确的选题（除非是成系列的节目，这也是有难度的），选题是长期积累的结果，不是临时能够完成的。

不仅仅是选题，还有很多素材，比如谁说过什么话、哪本书提到过某件事、历史上有过哪个人物等，若是全都依靠临时起意去搜索和查询，难度也非常大。

所以，我认识的很多内容创作者都有一种典型的"职业病"：一看到好玩的事情、想到有意思的点子，就立刻掏出手机来，在备忘录或笔记工具里把它快速记下来。

一个好的素材库，就像一个战士的弹药库。光有武器不够，还需要有好用的弹药。每次需要时，如果现场找地方取弹药，肯定来不及。

我自己的素材多数来自书籍，少数来自一些媒体的文章和播客。书籍是经过沉淀的内容，尤其是经典书籍，它们早年间可能就是媒体文章和当时的流行作品，其品质在时代变迁中得到了验证。长期坚持阅读还有一大益处，就是有故事可讲。如前文所言，很多人需要编造故事，恰恰是因为缺乏"存货"，不清楚有什么故事可讲。

除了阅读，关注生活体验也能够收集素材。如果你去过很多地方、见过很多人，你也会有不少故事可讲。

这些素材可以使用 flomo 这样的笔记工具进行记录，简单地打一个标签，使用时能方便地查到即可。积累素材不需要进行复杂的知识库管理，给自己制造长期的收集成本，这样可能很快就坚持不下去了。

欣赏好作品

"半拿铁"刚刚上线时，有一段时间数据高速增长，我曾经对此沾沾自喜，认为它在讲商业故事的播客中，已经达到了天花板。后来有不少听众提到，它和海外的一些商业故事播客有些相似，我去听了一下那些播客，受到了非常大的震撼。无论是"Business Wars"（商业战争）、"Acquired"（得到的），还是更多其他的专业播客，其制作之精良、故事之精彩、节奏之完美，让我自愧不如。

联想到前文提到的达克效应，可以说我从愚昧之山的山崖上摔了下来，跌进了绝望之谷。

好的内容作品就会给人这样一种体验：让你见世面，然后知不足。

很多朋友也许会认为我这是自己跟自己过不去：进行内容创作，无非是自己开心、自己满意就好。可我不这么认为。这种心态会让人把自己困在愚昧之山的山巅，洋洋自得，等过一段时间，他们就会把内容没有做成的责任推卸到环境不好、运气不好、时机不好等外部因素上。

而我见过的、自己打心底认同的内容创作者，无一不是对好的作品有认知、有追求的，他们清楚自己水平的边界，而知己所不知才能够进步。从内容创作的竞争环境来看，情况也是如此，闭门造车，通常无法创作出受用户欢迎的内容。

作为内容创作者，我建议各位持续消费内容作品，而且要消费更好的、门槛更高的内容作品。

即使我们能够欣赏大量的优质作品、能够对好的作品如数家珍，甚至能指出一些好作品里有缺憾的部分，这也不意味着我们能够创作出同等质量的作品。按照达克效应的逻辑，我们也许只能创作出相当于其水平的四分之一甚至十分之一的作品。

我们日常是在刷短平快的、以噱头为主的短视频，还是在欣赏经过历史大浪淘沙留下的、洞察人性的文学作品或电影作品，二者带来的差异是显著的。我们做出来的内容能否经受住时间的考验，答案也是明确的。

所以，虽然我做的是看似简单的商业故事类播客，但我也会在日常生活中观察顶级的商业纪录片是怎样讲故事的、最好的商业书籍是怎样论述逻辑的、有趣的喜剧播客是怎样制造包袱的，等等。

说到好的作品，一方面指的是经典的内容，比如经典的书籍和影视剧，它们往往都能在微信读书、腾讯视频这些我们日常会消费的内容平台上看到。另一方面指的是付费订阅的一些信息源，比如我很喜欢的"财新"App、"三联中读"App，还有"读库"App，我都在持续订阅其中的付费内容。

有的朋友可能会问：既然互联网上到处都是免费的内容，为什么还要花钱去订阅付费的内容呢？其实可以反思一下：为什么有些内容是免费的？显然，羊毛出在羊身上。大量的免费内容是粗制滥造的，往往只是为了获得所谓的流量，以及立即为创作者带来回报。

这本书一直在倡导的，正是这种为了流量的内容的反面：能真正创造价值、让用户喜欢、与用户持续建立连接的内容。好的付费内容就是这样的。在如今供大于求的内容生态中，好的付费内容，尤其是被广泛认可的、持续更新的付费内容，显得尤为宝贵。

在网上常常可以看到一句话："吃点好的吧。"放在内容上也是如此。作为内容创作者，对于自己日常的内容消费，我们应该提高一下要求，"吃点好的吧"。

善用搜索

我们可以在阅读和生活体验中积累素材，而有时候，我们有了明确的选题、有了大致想做的内容，却苦于灵感不足、资料缺乏。这时应该怎么办呢？我们已经处于信息时代了，最好的方法就是打开手机或者电脑，马上进行搜索。

搜索是我们日常获取信息时经常使用的方法。在一件事情上也许我们并不是专家，但只要能通过搜索引擎找到合适的资料，用心学习，我们至少能够成为一个可以把故事讲清楚的创作者。

很多听众会好奇我的播客"半拿铁"的资料来源，好奇我和搭档潇磊是用什么方法收集到好资料的。在一些人的想象中，我们有一堆独特的工具或者私藏的信息渠道。实际上，在多数情况下，我们最初的信息来源都是搜索引擎。很多人习惯了把搜索引擎当成直接找到答案的工具，其实搜索引擎能够让我们触达几乎每一条公开的信息。对于某个话题，哪本书有更详细的解释、哪篇文章有全面的描述，我们可以快速通过搜索引擎了解到；而这本书或者这篇文章的作者是什么身份、是否可靠，我们也可以搜索到；书里和文章里提到的人物和事件，背后的故事是什么，我们也可以搜索到。

多数内容平台都提供了搜索功能，包括微信、小宇宙、B站、小红书等，我们在这些平台上都可以查到很有价值的资料。这些资料链接到的其他信息又能打开很多新的可能性。

搜索对于我还有另一个关键作用：判断差异化情况。

差异化本来就是针对其他同类内容而言的，假如同一个主题已经被很多人讲过了，讲述的方式也类似，这种雷同的内容就很难实现差异化。也许它会在短期内获得流量，但无法建立长期连接，让用户留下深刻印象。这一点在本书中有多处论述。

在内容平台上进行搜索就是我们判断差异化情况的主要方法。现在，我在为播客"三五环"和"半拿铁"确定选题之前，都会先看看播客领域中有没有品质很好的内容存在，如果有，我做同类内容的动力就会小很多。做同质化的内容无法为创作者产生足够多的精神收益、让创作者更有成就感，也不会得到用户更好的反馈。

重视生产力工具

在公司里工作时，我们都会遵从公司的安排；自己给自己安排工作时，我们就不太好判断在哪些地方该花钱、在哪些地方不该花钱。

比如，一台 MacBook Pro 电脑的价格要上万元，作为内容创作者的生产工具，我们是否有必要购买它呢？

乍看起来，如果是个体户，或者小工作室，自然应该能省则省。我原本也认为一切要节俭，能压低的成本都要压低，不过后来我有了新的体验，那就是在换了性能更好的 MacBook Pro 之后，我发现，从经济角度看，其实价格高的东西不见得是"贵"的。比如，在很多我日常的写稿和剪辑音频的过程中，MacBook Pro 让卡顿大幅减少，看似减少的都是一秒半秒，可是卡顿原本是长期又高频出现的情况，结果是，每次文章写完、音频剪完我都可以节省成块的时间。更重要的是，我的心情会变得更好，内容创作也会更加顺畅。

配置高的 MacBook Pro 还有其他很多显得"划算"的地方，比如不再需要为了节省存储空间而反复花时间删除、归档旧资料和数据，不用再担心多打开几个网页系统就变得卡顿，不用再害怕由于内存性能不足而在渲染音频时丢失文件，等等。

这样看起来，它比我那个目前还躺在书架上的上千元钱的拍立得还要"划算"得多。

很多类似的例子重新塑造了我的消费认知。我会重新计算一件事物的价值，并不只看购买的单价，还要看使用的频次、使用的效果和使用的体验。

如果是我们在日常生活中极其高频使用的一件工具，尤其是还能切实提高生产力的工具，那么，把它的价格平均到每次使用上，其实并不算很贵。手机、电脑、键盘都是如此。

反而有一些看起来划算但我们日常压根不会经常使用的工具和产品，即使看似便宜，实际上也是很贵的。比如墨水屏电纸书或 iPad，很多人本以为它们能让自己多看书，结果后来都变成了"泡面盖子"。

接下来我想分享几个在 Macbook Pro 之外，我在内容创作中发现的效果拔群的产品或工具。我不仅想推荐它们，而且想给你一些启发，让你思考什么样的产品或工具能够帮助自己更好地创作。

沉浸式翻译（浏览器插件）

沉浸式翻译这款插件是我 2023 年最重要的工具之一。由于需要为内容创作收集资料，我有大量的资料来自外语信息。在过去，我用的都是浏览器自带的网页翻译功能，但翻译准确度不高，网页也会被全部翻译成中文，没有中外文对照。

沉浸式翻译能够很好地把中外文的对照情况展示出来，不破坏原有格式，阅读体验很好，也嵌入了几乎所有主流的翻译技术。我在付费之后，还能使用效果非常好的一些翻译技术，例如 OpenAI 和 DeepL。

不用沉浸式翻译还能收集这些资料吗？当然能，但生产效率大概会差很多。

flomo（App）

flomo 是我的朋友少楠作为联合创始人开发的笔记产品。它最突出的特点就是简洁、方便，不需要特别烦琐的步骤，一个人就能快速记录灵感并随时回顾。另外，很重要的一点是，它是全平台同步的一款产品，从 iOS 到安卓系统，从手机端到网页端，都可以实时同步，我们在用不同的设备记录灵感和查看素材时，都足够方便。

通义听悟（网站）

对音频形式的内容创作者而言，通义听悟可以很快把音频中的话语转为文字，并且是有格式的，区分了段落和讲话人。对创作者和制作人来说，这样大大提升了沟通效率，制作人可以根据文稿快速定位要处理的内容。像"三五环"这种邀请嘉宾对谈的播客，我们与嘉宾的沟通也很依赖整期节目的转录文稿。

ChatGPT（网站）

ChatGPT 或者其他大模型对话系统目前还很难直接帮助我们创作，但它们足够"博学"，能在对很多问题的理解上帮助我们。

比如在"半拿铁"的人工智能系列节目中，我有不少对人工智能技术的概念理解问题，通过搜索的方式是很难找到答案的。而 ChatGPT 就能很快给出直接的结论，乃至一个合理的类比，让我快速理解一项技术的意义。

对于相对成熟的知识体系，用 ChatGPT 或者其他大模型系统，能够得到很高效的结论。不过，对于比较新的知识，它们就未必那么熟悉了。

以上六个创作技巧都非常个人化和主观。我深知它们只适用于我自己的内容创作。不同的人在不同的地方、不同的阶段，都会有不同的感受，切勿简单模仿或机械复制。

除了内容创作技巧，还有一点在起步阶段格外重要，就是关心用户。由于它太重要了，我们不妨单独讨论一下。

03　关心用户，而不是关心数字

我常常听到身边做自媒体的朋友哀叹，今天的粉丝量才涨了多少、今天的哪条内容才有多少曝光量。当我们把所有的关注点和目标都放在单纯的数字上时，我们就会丧失对用户（观众、读者、听众）的洞察。

这与我在互联网公司观察到的状况类似。在所谓的"大厂"（规模很大的互联网公司）里，产品和运营的决策人往往不直接接触用户，只会对屏幕前的一些数字运筹帷幄，结果离真正的用户需求越来越远，离正确的决策自然也越来越远。

你可能会好奇：数字不应该是最精确的、最能反映我目前内容创作成果的指标吗？其实不然。

关心有价值的数字

数字本身当然是精确的，但数字对真实世界的映照却能撒谎。

请你思考这样一个问题：

A 业务有着 2% 的年增长率，而 B 业务有着 200% 的年增长率，哪个业务的成绩更好？

乍一看似乎是后者。但如果再描述得具体一些，就不一定了。

A 业务是公司的核心业务，每年有 5000 万元的 GMV，这 2% 的增长带来的是 100 万元的收益；B 业务是新业务，处在起步阶段，去年才有 1000 元的收入，今年只增长到了 3000 元，和 100 万元还差得远。

这就是"职场统计学"了，属于"汇报的艺术"——很多人只会挑选有利于自己的数据，从侧面来讲述它。比如对上文中那个问题的描述，更愿意用年增长率进行汇报的，恐怕就是 B 业务的负责人了。

同样地，在做内容时，我们要思考这样一个问题：

拥有 1 万个粉丝的账号，和拥有 100 万个粉丝的账号，哪个更有价值？

答案看似显而易见——数字更大的账号更有价值，但考虑到具体情况就不一定了。拥有 1 万个粉丝的账号，做的是付费节目，每个用户都是在用真金白银支持它，这意味着其内容创造了很大的价值；而拥有 100 万个粉丝的账号，做的是短视频，它当然也很有价值，但其用户的付费意愿是尚未经过检验的，很多用户可能只是"萍水相逢"，随手点一下关注，对账号本身并没有深刻的印象。

前文中论述过不同平台上的品牌价值情况。在有些短视频平台上，名为"关注"，实际上用户是无法真正关注到创作者的，所有内容还是要由"算法"这只"看不见的手"来操纵。100 万的粉丝数量，只能代表曾经有 100 万人对某个视频产生过兴趣、对账号点击过关注，却不能保证创作者可以持续地触达他们、影响他们。

而 1 万个付费内容的粉丝，无论是购买播客节目，还是为一些文章付费，都代表着他们对创作者的认可。如果是客单价相对较高的内容，就更是如此了。这种认可的价值会超过单纯的数字体现的价值。

你可能会问：这会不会只是个人的偏见？

还有一个数字能更好地体现粉丝数的价值，那就是商业合作的价格。前文提到过，好的内容是有溢价的。在不同的平台，粉丝数量的折算价格往往存在着"公允价"。比如，微信公众号的粉丝数量就比微博的粉丝数量更有"含金量"。而在播客领域，品牌方几乎只认可小宇宙平台上的订阅数量，而不是其他平台，因为这里的听众黏性更强、粉丝数量更有说服力。正因如此，折算出来的 LTV（Life Time Value，用户生命周期价值）或者 ARPU（Average Revenue Per User，每个用户的平均收入）才更有意义。这两个数字，在互联网公司眼中也比单纯的注册用户数量和活跃用户数量更能体现价值。例如，微信用户的 ARPU 要远高于仅使用手机中手电筒功能的用户的 ARPU。

即使在同一个平台上，不同的内容账号乃至其背后的个人品牌，价值体现也不同。例如，在微信公众号里，财经类账号就比媒体类账号的折算单价更高（无论是收入 / 粉丝数，还是收入 / 阅读量）。而同样是提供财经类内容，提供独家信息和深刻观点的账号，看似阅读量不高，却能辐射到有更高 LTV 的人群，折算单价又会高出一截。

所以，数字与数字是不同的，曝光量、粉丝量等只是表面上的描述，这样的数字增长当然值得关注，但有更多更有价值的数字需要我们重点关注。

那么，创作内容时，我们应该关注哪些数字呢？主要包括：内容的完播率、好评程度、重复消费率、留存率、半衰期、社交媒体提及率，以及根据消费次数计算出的商业收入单价。

- **完播率**是用户消费完大部分内容的比例，代表用户是否认可内容。有的内容虽然播放量很高，但是完播率很低，说明其标题或封面很有噱头，但在内容上不怎么被用户认可，这就不是优质的内容。

- **好评程度**一方面体现为用户对内容的直接评价，比如豆瓣读书、苹果播客的评分，抖音、B站、微信公众号的点赞；另一方面体现为用户的间接评价，比如B站的"投币"、微信公众号的赞赏等。

- **重复消费率**即用户反复消费内容的比例，对播客而言就是复听率，对视频而言就是复看率，体现了用户对内容的需求持续程度。在小红书的算法逻辑中，"收藏"是很重要的排序因子，因为用户收藏的内容常常会被反复消费，这也代表着内容的优质程度。

- **留存率**是从用户维度看，有哪些用户愿意留下来持续消费内容，比如一个微信公众号，总有一些有黏性的读者愿意持续地看几乎每一篇文章，这就比每次都是新的观众来看的短视频账号的留存率要高，哪怕它们表面上的关注数量是相近的。

- **半衰期**是从时间维度看，内容是否还有被再次消费的价值。经典名著可以穿越时间周期，持续被读者们喜欢，就代表着其内容是洞察人性或者揭示生活的底层逻辑的。好的内容都是如此。可以关注自己每条内容的长尾情况①，比如播放量的组成大多有着怎样的周期。至于我自己的账号，微信公众号"刘言飞语"的半衰期大约是两天，也就是说，两天内的阅读量，与两天之后几年间的阅读量之和，大致是持平的。播客的半衰期则要长很多，"半拿铁"的节目在发布几个月甚至几年后，也依

---

① 长尾理论是网络时代兴起的一种新理论，它指的是，只要产品的存储和流通渠道足够大，需求不旺盛或销量不佳的产品共同占据的市场份额就可以和那些少数的热销产品占据的市场份额相匹敌甚至更大。——编者注

然有人在收听，算下来它的半衰期大约为一个月，这就证明这些内容有被反复消费的价值。几乎没有平台会提供半衰期的相关数据，不过平台一般都有按日期统计的播放（浏览）数据，你可以自行根据这些过往数据进行计算。

- **社交媒体提及率**也是一种特殊的好评观测指标。在豆瓣、小红书、B站等平台上，如果有用户愿意主动提到某些内容，对其进行讨论或者给予好评，都意味着内容在用户心中留下了印象、产生了效果。可以善用这些平台的搜索功能，日常多关注这些平台上与自己内容有关的舆情。

- **根据消费（播放、阅读、观看）次数计算出的商业收入单价**也要考虑。要去观察和学习不同内容在商业收入上的差异，才能横向对比出到底什么样的账号、什么样的品牌才能有溢价。在商业收入单价的背后，还可以关注前文提到的 LTV 和 ARPU。通常来说，这样的计算也要自己完成，最基础的方式是，用一条内容的商业收入除以这条内容覆盖的用户消费次数，比如一期播客，就是用商业合作的收入除以它的播放量，一篇微信公众号文章，就是用收入除以它的阅读量。计算的结果可以大致代表该内容的商业化程度。一些成熟的平台（例如抖音）的商业合作是有平台定价的，而很多平台没有，这些平台的创作者获取信息相对较难，可以多与同行交流。当然也可以与自己对比，看看商业收入单价是否在增长。

把这些更有价值的、更能代表内容影响力的数字搞清楚，远比单纯看曝光量和粉丝量有意义得多。

做私域不是拉群

说到私域，对它最大的误解恐怕就是认为私域就等于微信群。

私域当然不是微信群，就像我们不会说笔就是小说、摄像机就是电影一样。私域指的是什么？**私域原本指的是封闭的、专属的渠道，可以直接接触用户，并不需要通过某些竞争关系接触用户。**

由此可见，私域和形式没有关系。举个例子，很多自媒体或消费品牌的确建了很多微信群，看似能够直达用户，但是这些群在用户那里，有多少被开启了"消息免打扰"？有哪些信息真的会被看到？当你有一些信息想要传递时，真正能接收到的人有多少？传递后转化的效果又是怎样的？

所以，再回到私域的定义，私域成立应该依赖的条件有且仅有一个：**信息能否直达用户、能否影响用户。到达率和影响率才是私域最核心的体现。**

这就与前文在讨论内容平台的选择时提到的"用户黏性"有关系了。在微信群中，看似是个热闹的、有几十上百人的大群，实际上没有几个人会读营销消息；相比之下，微信公众号发布的消息、播客更新的节目，反而更容易触达用户、更容易影响用户。

曾有朋友建议我：播客再怎么说也是公域，不如赶快把你的听众都拉到微信群里形成私域，这样价值更大。

我告诉他，他完全说反了。微信群中如果没有好的内容，用户打开群看消息的频率就会很低，还会说退群就退群，没有什么黏性，何谈私域。播客虽然看似依赖平台，但实际上同样的内容可以在多个平台上分发，不会受限于某个平台的"封杀"，同时，听众会持续在订阅后收听我们的内容，有相当一部分听众每期节目都听，我们在节目里说的话都能直达用户的耳朵，我们讲述的信息也能对他们施加影响，这么看，播客不才是真正的私域吗？

在内容行业中，人们对私域的误解很深，这是可以理解的，毕竟很多以算法为核心的平台很难带给创作者安全感。然而，我认为做私域的真正方法并不是"拉群"，而是"做能沉淀品牌的内容"，让一部分用户持续喜欢你，这样才是最安全的状态。

真正的私域其实是已经完善的品牌。那些已经成熟完善的内容品牌，它们不需要拉群、不需要有所谓"做私域"的行为，只需要持续不断产出内容就够了。无论在哪个平台，用户都会追随他们、找到他们。能够跨越不同平台吸引自己用户的人，才拥有真正的私域。

因此，我们之所以需要关注社交媒体提及率、留存率、重复消费率等指标，是因为我们需要通过长期稳定的内容输出建立良好的品牌形象，观察自己是否有了足够大的影响力、是否在用户群体中赢得了广泛的喜爱。这些因素共同构成了我们的"私域"。这样的"私域"不存在于微信群中，也不存在于平台的功能里，而存在于用户的心里。

怎样让更多人喜欢我们

前文提到，我们应该通过内容找到喜欢我们的人，并让他们更喜欢我们，而不只是持续让更多人知道我们。

想要通过好内容建立品牌，我们需要信任这个公式：

连接价值 = 连接数量 × 连接质量

连接数量相对好统计一些，那么，我们有什么办法判断这些连接的质量呢？下面，我用做互联网产品的思路，提供一些视角。

- **需求强度**

用户的需求有强弱之分，这个很容易理解。我们在判断自己与用户之间的连接强弱时，可以换个视角，想想我们的内容对用户来说意味着什么。

比如，工作、职业这类内容的价值，通常似乎比生活、娱乐类内容的价值更高。前者容易让用户产生更强的信任，乃至连接。

再比如，人们对于亲密关系和友情故事的共鸣，似乎就比对于国外一些陌生民族故事的共鸣更强，所以，前者让用户产生的连接应该就会更紧密一些。

- **时间账户**

如果再量化一些，可以考虑用户的"时间账户"：用户花在什么地方的时间会更多？这件事因人而异，但往往能提供有价值的启发。

工作、职业、个人成长、家庭、娱乐等，一个人在这些不同领域中分配的时间长短，就代表着这个人对它们的需求的多寡。

比如，有些女生在言情剧和网络小说上花费的时间很长，说明她们在这方面的需求很大，这类能引起她们情感共鸣的内容让她们产生的连接就会很坚固。

- **心理账户**

在心理学上有"心理账户"的说法，我在这里理解为，每个支出项目都会有个心理锚点。比如：出去旅游一次，大概花多少钱；每天中午吃饭，大概花多少钱；买一辆车，大概花多少钱……

用户为某件事情开设的心理账户，就是用户的付费意愿。不同内容代表的品牌价值，也就代表着用户对这个内容的心理账户锚点。

比如，如果你是做职业规划的，你是否了解大部分用户在职业规划上的心理账户是什么样的？如果你做的是单纯引起情感共鸣的内容，比如吐槽老板和同事，用户对这份共鸣，又愿意付出多少呢？

这中间的差异，就带来了连接强弱的差异。

· 媒介形式

前文多次提到情感上的连接。其实，在单纯的价值感之外，人和人之间还有一种容易建立信任的方式，那就是分享更立体的感受。用户对不同内容品牌产生的信任度和情感连接的差异，会在媒介形式上有强弱的差别。根据不同媒介形式与用户之间产生连接的强弱程度，可以将这些形式从弱到强排列如下：

- 文章（如微信公众号、知乎）
- 图像（如小红书、微博）
- 声音（如播客）
- 视频（如 B 站、抖音）
- 真人面对面（线下活动、自己维护的好友圈或社群）

这也是为什么很多人会认为，在播客中听到的人，真实感更强、可信度更高。同理，如今 B 站上很多财经或知识类的 UP 主开始出镜，也是为了使用这种更强的连接形式，让人产生信任。其中的状态差异，会很影响观众的观感。

传媒领域中有更多的相关理论和方法论值得研究，我在这里就不再赘述了。当你发现自己和用户之间的连接似乎很难继续深入时，不妨想一想，在形式上是否还有突破的空间？

与 100 个用户聊天

在产品经理的生涯中，我见过最为奇特和魔幻的现象，就是不少产品经理从来没有见过自己的用户。做了几年产品经理，他们在不断地写功能文档、为用户设计产品，却连一个真正的用户都没见过，这简直叫人惊掉下巴。

我在做上门美甲业务时，每天都要见不少美甲师，自己也时不时做几次美甲，体验美甲的流程；我在做外卖配送业务时，按照部门的规定，我每周都要去当几次外卖员，接单、与其他外卖员交谈、与店家沟通；在做网约车业务时，我和同事们也要每个月都跑够一整天的网约车订单，每天打车都要和司机多攀谈一会儿。创作者对用户的认知都是在这些长期接触的积累中产生的，我们有了认知都未必能做出对的决策，更不用说连用户都没见过的情况了。

微信的创始人、最有影响力的产品经理之一张小龙曾经提出过"1000/100/10"法则，要求产品经理每个月必须收集 1000 个用户体验反馈、关注 100 个用户的博客、做 10 个用户调查，其目的也是认知和了解用户。

在滴滴出行工作时，我的领导是另一位很有影响力的产品经理俞军，他也反复向我们强调，需要认知更多用户、反复通过需求分析理解用户，才能建立自己的"用户模型"，这个模型不是推理出来的，也不是设计出来的，而是大量的用户案例堆叠出来的。

作为内容创作者，我们的内容就是产品，对我们来说，用户到底在思考什么、他们有什么需要，是最重要的问题。

很多难题，诸如到底要不要提升录音的品质、下次的选题到底是A还是B、新的形式要不要调整一下等，多去找一些用户聊天，都不用进行分析，答案往往就呼之欲出了。

以我和潇磊搭档的"半拿铁"为例，我们在做选题时也会面临一些抉择。同样讲一个人、一件事，有很多个视角，我们应该选取哪个视角？在认识足够多的听众、不断关注听众的反馈之后，我们就能很自然地做出判断。比如，讲卡塔尔主题时，我们选取的是商业的角度，同时也猜到了大家比较关心的话题：卡塔尔为什么这么富有？这个国家的历史是什么样的？卡塔尔人为什么要举办世界杯？我们没有选择介绍场馆建设情况、谈论体育明星或者预测比赛结果。这就是凭经验而来的，而说到经验，它不来自一次两次的尝试，而是海量体会的积累。

所以，当我们遇到瓶颈时，与其纸上谈兵、自己反复琢磨到底该做什么，不如现在就走出门去，找一些身边是自己用户（观众、听众、读者）的朋友聊聊天，一起坐下来喝杯咖啡，体会一下他们的需求究竟是什么。

当然，与用户交流也未必只有走出门去这一种方式。内容平台的评论区也是能用极低成本获得用户反馈的土壤，这也是播客创作者们更喜欢使用小宇宙App与听众交流的原因。

"半拿铁"的第 86 期节目发布时，正值春节前夕，我们聊了聊过去常见的春节送礼的"硬通货"，也提到了回家常会与家人喝茶的情景。喝茶是许多中国人的家庭习惯，引起了很多听众的共鸣，他们的很多留言也让我们非常感动，成了我们做内容的正反馈。这件事同时也反映出我们与听众建立的连接并不是简单的信息传递关系，我们和他们也有了情感连接。比如，图 3-2 展示的就是听友 Jimi 为这期节目写下的留言。

Jimi

2024-01-24 23:52

在镇上赶集的时候，爷爷才会走两公里路去茶馆喝茶。只喝茶，不叫茶点。茶可免费续杯，茶点另外算钱。基本上所有的桌都陆续开始打牌，只有少数几桌是喝茶八卦聊天，爷爷常常会在那坐一上午，近中午时，再走回家。后来几年慢慢需要拄拐，去的次数少了。工作以后，我只有一次在茶馆里见到他，那次过年赶集的时候，刚好买完蒸糕，取好了压岁钱，路过茶馆，见他面朝大街，坐在那里喝茶，我们四目相对，我说要不要回去，快中午了。他说差不多了。于是付完钱，他和桌上的老友一一介绍了我，面带笑容，拿上拐棍，出了茶馆，跟着我一起走，我们那次走了很久才到的家。那年的新年过后没多久，爷爷就走了。如果可以，我想和他坐在全是老年的茶馆，叫一些茶点，两碗茶，喝一上午，再一起回家。

👍 3　　💬 回复　　　　　　　　　　　　　　　···

图 3-2　"半拿铁"听友的一条暖心评论

从内容的角度看，这则留言让我们感受到了用户对自己内容的认可；从情感的角度看，它让我们受到了激励。这些都支持着我们继续把播客做下去、做得更好。

下篇

打造内容品牌的关键

第四章
从内容输出到品牌沉淀的五个要点

有了好内容，如何让内容形成独特的品牌价值？我在这里也提出一个公式：

形成好的内容品牌 = 好内容 ×（可持续 + 好机会）

如果好品牌是 10000，好内容就是前面的 1，而可持续和好机会，是后面紧跟着的 0。我会逐一对它们进行论述。另外，为了让好内容持续下去，还要思考负面反馈和成本以及商业化的问题。

01　能够持续：
创作内容的三个核心

品牌可以产生复利。我们期待的是内容创作可以持续带来收益，而不是"打一枪换一个地方"或"吃了上顿没下顿"。我自己很喜欢的作家京极夏彦、东野圭吾、刘慈欣等，他们新出版的每部作品我几乎都会看。想想那些你自己喜欢的作家、导演、漫画家、演员，在你眼中，他们本身是否就代表着作品的品质？你和他们之间是否也存在一定的情感连接？

反过来说，我们作为创作者，不仅期待着在当下获得收益，还期待着未来会有复利产生，从而降低我们未来创作的内容所获得的收益的边际成本。

可以这样对比：假设我们在创作内容时是匿名的，这就意味着每一次用户看到的我们都是"新"的，他们每一次都要重新认知和判断我们的内容，而我们可能会疲于让用户一次次接受我们的内容。这种情况在很多所谓的"网红账号"身上很常见，其内容之中没有人格化的部分，也没有创作者的特色。例如，那种很流行的影视剧解说视频，用有噱头的文稿配以 AI 生成的语音，是无法让用户对创作者留下印象的。这种内容就像是匿名的内容，隐去了创作者的身份和特色。

反过来看，如果我们创作的内容可以加强前文所说的连接，接下来就会有很多用户产生对我们的长期认可，乃至很多情感共鸣，然后，我们继续创作的内容，自然就可以降低用户的接受门槛。在看到我们的名字时，用户就能对内容产生兴趣。这就是品牌所产生的效果。

因此，我们在创作内容时要有耐心，不仅要看当下的收益，还要看长期的收益。这与理财的道理相似，我们看待内容的心态就应该如同做价值投资的心态。只要我们确信自己的内容是有价值的，就不用担心未来没有用户。第一次创作内容就有好运气，就像第一次投资正好遇上大涨一样，不一定利于未来的长期投资——我们可能会变得没有耐心，不关注可持续性。

知名播客"日谈公园"的主播们曾经聊到过一个现象：大多数新播客的生命周期是七个月，因为七个月后，主播自己能输出的、身边朋友能聊的话题都被聊过了，接下来，"无内容可做"变成了常态。

怎样保持内容创作的可持续性呢？我认为，要关注以下三个方面（见图 4-1）：

- 对用户：交付承诺
- 对自己：可行性
- 对内容：一致性

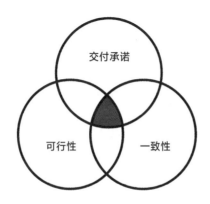

图 4-1　可持续性的三个要求

要真正做到可持续，这三个方面都是不可或缺的。

对用户：交付承诺

真正的有用性是事后的。我们做的内容，要看起来有价值，同时还要真的有价值。这种有用性，才会真正获得用户的信任。否则，我们的内容很容易被人认为是"挂羊头卖狗肉"，甚至是"割韭菜"。

看起来的价值感和交付后的有用性是一体两面的，前者相当于承诺，后者相当于交付。内容能真的被有效交付，其实是很难的，但对内容创作者来说，这也是必经之路。

保证真正的有用性≥承诺的有用性，才是最合理的做法。

很多有噱头的标题，如"学会这个，就能月入十万！""七天速通雅思英语词汇"等，就是承诺过度，不足以支撑其真正的有用性。这类内容用的"套路"往往是"走量"，也就是"能骗几个是几个"，反正用户的钱已经交了。这类内容的创作者不在意个人品牌，他们在意的是自己在所有潜在受害者所在的池子里，能不能多转化几单、多赚几次。

在消费品牌中，情况也是如此。很多被卖家包装过度的宣传照，和商品到消费者手中后的实际样子不是一回事，这对消费者的心理伤害是很大的，他们会失去对品牌的信任，甚至会到处传播对相关产品的负面认知。这种方式也只能做"一次性生意"，不能称之为做品牌。

在产品运营或者所谓的增长黑客[①] 领域，有两种截然不同的做事方法：

收益 = 曝光量 × 转化率

收益 = 用户量 × 复购率

一种是企图用极高的曝光量，再加上有噱头的转化情况来获得收益；另一种是留下忠实的用户，试图让他们持续在自己这里消费或者使用自己的产品，从而获得收益。这两种方法往往在平台中并存，而

---

① 增长黑客（growth hacking）是一种注重创新、实验和数据分析的策略，旨在利用有限的资源，以最低的成本获取最多的用户。——编者注

我们讨论的品牌逻辑大多是后一种。

接下来还有一个问题。可能有的朋友会担心，自己的内容价值很难实现非常好的交付。他们会想：我的确是有经验的产品经理，但我的内容恐怕不能让人人都成为产品经理；我的确是已经有名气的短视频创作者，但我的内容未必能让大家都成为创作者。

这时就要考虑，**你要传递的价值感到底是什么、你要交付的东西到底是什么。**

举个可能不太恰当的例子：很多财经、历史、政治类的内容创作者，无论他们的作品是图文、音频还是视频节目，它们提供的价值难道是让大部分用户成为财经专家、历史学家、政治家吗？自然不是。许多用户可能只会把这些内容作为**谈资**、把了解它们当作**兴趣**而已。

至于交付的东西到底是什么，创作者还是要像前文提到的那样，反复与用户交流，感知用户的真实需求。姜 Dora 是 B 站的知名职场 UP 主，她的内容原本看起来实用性很强，包括怎样面试、怎样摆脱"社恐"、怎样对待裁员、毕业后怎样选择城市，等等。起初她以提供所谓的"干货"为己任，当时她以为自己交付的是找工作和职场生活的方法论。然而，过了一段时间，等她更有经验后，她发现自己实际交付的很大一部分内容是让用户的精神寄托有安放之处。能够在令人焦虑和紧张的毕业季、在职场新人的成长期，让用户得到她和很多其他观众的陪伴，这成了一种新的交付，她也重新定义自己为"个人成长博主"。

而在这本书的读者中，我不期待每个人都能成为像我这样的创作者，或者做出很优秀的内容品牌。我期待的是，让许多内容创作者和想做个人品牌的朋友能够少走一些弯路，多掌握一些原理，把接下来的路途走得更顺；让一些还在观望的朋友下决心尝试一下；让一些对内容创作和打造品牌有误解的朋友放弃原本的错误路径。这样算下来，把价值平均一下，和一本书的费用似乎还是可以画上等号的。

对自己：可行性

可行性指的是，作为创作者的我们，通过长期观察，判断一件事是不是真正可以操作的。我们分两种情况来看。

第一种情况是，我们所表达的内容实际上超出了自己能掌握的范畴。简单说，就是我们立下了过高的"人设"。

有的朋友在刚开始做个人内容品牌时，会反复强调"我很厉害""我的经历很出色"这样的"人设"定位。我最开始也是这样的，这是很自然的想法。

但我发现，"我是很厉害的产品经理"这样的人设很难立得住，甚至可以说，在行业内能持续立得住这种"人设"的人都很少。这种"人设"有个潜在的意思——你是完美的、你的任何产品观察都不能出错，你的产品履历也需要被人审视。然而，和很多明星一样，一个人但凡有了一个高高在上的"人设"，接下来就免不了走上"人设崩塌"的道路。

把他人对你的认知拉到不切实际的高度，前期会尝到甜头，很多人会涌过来看所谓的"厉害的人"的内容。可是，反噬也很快。预期被拉高后，大家会评判你的工作细节，还会指出你的内容中的错漏，常常会带着"我倒要看看你是不是真的厉害"的心态来审视你。没有人的人生是经得起审视的，世界上本就不存在完人，一个持续输出内容的人还给自己立了这样的"人设"，迟早会"塌房"。

于是，我给自己的定位，包括我观察到的别人调整得较为合理的定位，往往都是自己能实现的。比如，**我不是多么厉害的产品经理，而是一个有观察和思考的产品经理**。这样的定位就容易实现了，只要我能让更多期待看到这些观察和思考的人获益，就足够了，我并不想成为产品经理们的榜样。虽然这样的定位看起来没有那么"光鲜"，但它更真实。

我的很多朋友们都是如此。比如半佛仙人，虽然他的职业经历其实挺值得称道的，但他从来不说自己是"财经大佬"，也不用行业履历为自己背书。他说自己就是一个商人、一名内容创作者，是一个写作者、观察者，他还反复强调，自己只是运气好。这样的定位就不容易给人带来落差感；面对这样的定位，很多人看他的内容，是为了看他解构材料的视角，而不是为了评判他。

第二种可行性欠佳的情况，是我们表达的内容容易枯竭。

虽然我们并没有立下过高的"人设"，我们的内容也没有太过不切实际的定位，但我们的输出在长期看来却有枯竭的可能。

我听过不少喜剧演员的访谈和对话，他们都有类似的认识——**一个人用毕生的经历总结出 15 分钟的爆笑段子，其实不难。但想要持续创作，让观众持续爆笑甚至还能进行深度思考，就十分依靠演员的天赋和后天的努力了。**

这完全可以类比到各式各样的内容创作上。即使你是一个优秀的产品经理，你输出的内容是过往的丰富经验，这些经验也早晚会被讲完。在我们的经历中，洞察再多、有价值的内容再多，也都是有限的，可我们期待的是，个人品牌的内容是可以无限输出的，**以"有限"随"无限"，殆矣。**

如何保证长期输出的持续性，这对内容创业者来说是很大的挑战，需要有一个结构化的设计。所谓的结构化设计，就是努力创造"活水"，尽量不消耗"死水"。这个结构是要经得住时间考验的。

内容的源泉应该是活水，而不是死水。活水用完了还会有新的水涌现，而死水则是额度有限的存量，一段时间后就消耗光了。

前文提到过差异化，指的是要和别人有区别。而我们想要能持续创作、持续为用户创造价值，保持自身的差异化也很关键。在播客领域，曾经掀起过一股风潮，其间涌现了许多新的播客节目。这些节目虽然标榜自己与职场相关，但实际上都是骂领导、抱怨项目等抒发负面情绪的内容。起初它们的确能给听众带来很强的共鸣感，因为大家多多少少在工作中都会有不满。然而，如果类似的负面情绪在一档播客中不断出现，甚至连续十几期节目都是如此，听众就没有理由继续听了。对创作者来说，除了能引起大家在这方面的共鸣，大概也找不到新的选题了。这样的内容就与死水无异，最终会逐步枯竭。

再说几个案例。

我最初开始做内容时面临的问题是，讨论产品经理入门需要掌握什么，这样的内容是很容易枯竭的，而且反复写类似的内容令我很疲惫，所以中间有几年我就没怎么创作。后来我调整了内容方向，开始聊行业、职场乃至各种自己感兴趣的话题，而不局限于产品经理相关的内容，就发现自己在内容创作上的思路开阔了很多。

我在和潘乱交流时，发现我们有类似的体会：自己的输出总是有限的，**于是就尝试着请身边的朋友来进行共创**。我的"三五环"和潘乱的"乱翻书"皆是如此。针对某个话题，定期邀请相关的朋友来聊天，这也是一种创造活水的方法。

此外，做读书类的内容也能拥有源源不断的活水。不论是在视频和线下领域已经做到前几名的帆书，还是播客领域的"顶流"播客"文化有限"，都可以用同样的模板和形式源源不断地输出内容：素材来源是他人的作品，而自己负责解读。这样既能保证输出的持续性，又能确保内容的质量。

姜 Dora 的例子也很有趣。如果只讲述面向职场新人的面试、求职、开会等很工具化的方法，内容也会很快枯竭，因为能讲的东西就那么多。而如果像她那样把内容扩展为覆盖一个职场新人可能遭遇的各种问题，包括情感问题、心态问题、职业发展问题，甚至与家庭如何相处的问题、怎样理财的问题等，这样的内容可延展的范围就大了许多。

整理下来，不同类型的播客可以讨论的活水与死水内容示例，可以参见表 4-1。

表 4-1　活水与死水内容的示例

播客名称	活水	死水
三五环	邀请朋友、嘉宾	自己讲述经历
半拿铁	查阅公开信息得知的公司发展故事	自己亲身体验的公司发展故事
文化有限	聊读过的不同的书	聊怎么读书
姜 Dora 在此	职场新人的个人成长	职场新人的面试工具、求职方法

我们要尽可能地找到活水、拓展活水、维持活水。你可以设想一下，当下的内容如果做到一年后，能否不枯竭？三年后、五年后又会怎样呢？

对内容：一致性

从内容到品牌，需要持续提供差异化的价值，以持续加深用户对内容的印象。这个印象需要保持前后一致，否则就难以实现从内容到品牌的跨越。

如果楼下的餐馆每隔几周就换一个品类，之前做炒菜，后来做汤面，现在又做起了卤味，我们会对这家餐馆留下什么印象呢？恐怕没有太多印象。

类似地，如果一个内容创作者、一个有个人品牌的人，前几年以某种形象示人，如今又摇身一变，有了另一个身份，颇有"哪里热闹去哪里"的感觉，这样就很难让别人对他留下印象，即使别人对他有印象，往往也不是好印象。

比如，有的人是这样做的：前些年 O2O 流行，他就自称是 O2O 的专家；区块链兴起，他又成了区块链的创业者；很快，他变成了 Web3 的投资人；今天，他又成了 AI 的布道师……这若是他在职业发展上的个人选择，也就罢了，可是他用着不同的身份在内容上飘忽不定，不仅不能获得用户的认可，还会让他们缺乏对其个人品牌的信任。

我曾经也有过这种"追热点"的阶段，后来却发现，热点虽好，

"贪杯"就很麻烦。热点吸引来的往往不是老用户，而是新用户，这些用户之前对你并没有认知。在你已经陆续让用户对自己建立起了一定的认知时，热点可能早已过去，而你在这个领域中并没有拿得出手的观察和经验，这是前文提到的创作上的可行性的问题。于是，用户会很快忘掉你。你再去追新的热点，还是会重复这个过程。

等到创作"半拿铁"时，我们就把内容的一致性做得更加明确了。我们采用统一的相声表达风格，并以商业历史为主题讲述故事。这样，每期节目都在为听众加深这个印象，也会让听众感知到，接下来的内容还会保持这种一致性。

怎样做到这件事呢？如果我们已经能够向用户稳定交付承诺的内容，并且在创作时有稳定的创作模式和方法，解决了活水的问题，一致性通常会自然浮现。

保持一致性的关键，是要先确定前文提到的"用户价值"到底在哪。若是搞清楚了自己能提供的用户价值，我们持续交付的内容就能具备同样的用户价值，它们也就具备了一致性。

回到前文中的那个例子，为什么一个人在前些年做 O2O，后来做区块链，再后来做 Web3 和 AI，带给别人的观感很差呢？因为这样的"专家"创作者，往往会标榜自己的"专业性"，试图提供专业的见解和行业的方法论。这在实际交付中是很难实现的，也超出了他们自己能掌握的范畴。

换个角度想：是否存在一种用户价值，是用户很需要了解整合过的前沿新闻和各方观点呢？每当有新的技术潮流出现，大多数人恐怕都不会马上"入场"，他们关心的都是到底发生了什么、它究竟与自己有什么关系。也就是说，时效性最强的新闻和观点，本身就足够有价值。所以，如果你能为用户提供自己搬运、转化、整合过的各种公开信息，或许这就是很好的内容。看到这样的内容，用户就不会在意你是不是之前做区块链，今天又在做 AI 了。因为你成了一个甄选信息的"买手"，你帮助他们选出了有价值的信息，你的差异化定位已经转移了。这同样也实现了一致性。

类似地，少楠的"产品沉思录"是互联网行业的知名付费专栏。专栏中会涉及他对自己过往经历的思考，也有诸多他在外部发掘的优质内容。他以稳定的内容品质为订阅者提供有价值的信息。可以说，少楠就是一个在诸多产品思考和商业思考中甄选优质信息的"买手"，帮助用户找到那些有价值的内容。

再比如，"乱翻书"中的很多观察思考也未必是潘乱自己的输出。他的选题、对嘉宾的选择、提问的方式，以及他在直播时和播客节目中对于内容结构的把握等，都是差异化的。有的嘉宾只有在他这里才愿意吐露真情实感，有的问题只有他这样有经验的媒体人才能角度精准地提出，这些都让他最终呈现的内容有了很高的价值。可以说，潘乱成了对谈内容的"买手"，帮助用户整合信息和观点。

倘若我们每个人都有多个侧面，我们也应当把这些侧面进行拆分，在内容呈现上始终保持其各自的一致性。你可以既是科技播客的主理人，又是小红书上的健身博主；你可以既在 B 站当职场 UP 主，又在短视频里分享生活中的好笑故事。只不过，为不同的定位开设几个不同的账号，可能是更好的选择。

总的来说，要持续创作出优质内容，需要注意以下三点：

- 对用户：交付承诺。保证在用户侧能够交付、让用户满意。
- 对自己：保证可行性。保证在供给侧能够持续提供内容，而不会让内容很快枯竭，或者质量下降。
- 对内容：保证一致性。保证内容定位前后一致。

02　等待运气：
市场不可预测，需要长期主义

一位朋友有过这样的经历：受身边进行内容创作的前同事影响，他做了自认为很充分的规划和研究，发现内容平台上有一类内容是自己很擅长的，正好当时他对自己在公司里做的项目不够满意，想要追求自由的生活，于是贸然离职，全职进行内容创业。然而，三个月后他的内容账号没有什么起色，他四处奔走，几乎要把人际关系耗光了，也没有引起太多波澜。他心灰意冷地决定继续找工作，回到原来的职场环境中去。

出现这样的结果，主要是由于他的内容创作能力有限，还是他的内容方向选择错误，抑或是内容的形式存在问题？可能都不是。根据我的观察，是因为他太没有耐心了。

另一位朋友的经历更有代表性：他从某大型互联网公司离职做内容，和朋友共同募资作为启动资金，成立了一个工作室，招兵买马，也租下了办公室，并且给团队设定了明确的目标——他们年底的KPI是要达到多少粉丝量、获得多少商业收入，然后又将这些目标细化到每个季度、每个月，甚至每一周。团队成员为了完成KPI绞尽脑汁，却发现数据始终不稳定，有时远超预期，有时又突然没了起色。一年过去，工作室并没有做起来，他也匆匆结束了这段创业之旅。

为什么会出现这样的现象呢？究其原因，其实是走内容创作之路并不像爬一座斜率均匀的山峰一样简单。爬山时，我们可以像做题一样，定下一步两步的明确目标，逐步爬到山顶；走内容创作之路则更像在不可预测的市场里等待机会，充满着不确定性——只有找到机会才会有指数级的数据增长，才会证明我们过去付出的努力都没有被浪费。

这正是做内容需要耐心的根本原因。各位创作者们，欢迎进入一个不确定的世界，但我相信你们会喜欢它。

理解随机性：机会青睐有准备的人

如果不理解随机性，可能就会变得没有耐心，像前文提到的两位朋友一样。

这个世界是充满随机性的。我们从小接受的教育通常告诉我们，凡是努力就有回报。而且，在相当长的一段时间内，理科都曾是主流学科，它们似乎在暗示一个已经预设好的前提：**任何事物的逻辑都是清晰的、有公式的，我们只要按照规则学习，就能得到正确答案。**

有了一些社会经验后，我们会发现社会运转的逻辑并不是这样的。社会中有着太多机缘巧合、太多不确定性了。如果我三年前讲这些，可能还不容易解释清楚，不过这几年的"黑天鹅"事件实在有点多，在《人类简史》中被称为人类已经彻底消除的三大难题：疫情、饥荒和战争，无一例外再次出现，席卷全球。

说回我们面临的更具体的问题，道理也是类似的。

在电子产品领域都取得了开创性成就的乔布斯和比尔·盖茨是同一年出生的，这是历史的巧合吗？我认为，这背后也是有逻辑的。他们恰巧在个人电脑时代来临之前入行，那时的他们又正好很年轻——有着创业精神，同时又没有已往的职场经历作为沉没成本。我国互联网行业的创业者们也有着相似的经历。腾讯、阿里巴巴和百度分别创建于 1998 年、1999 年和 2000 年，在此之前，或在此之后，做和他们一样的事情，是不大可能有同样的机会的。

《成功与运气》[①]这本书专门分析了运气和成功的关系，作者是美国康奈尔大学的经济学和管理学教授罗伯特·弗兰克，书中用大量的案例讲述了一个简单的道理：**运气未必带来成功，但成功的人一定是有运气的人。**

那么，为什么我们（尤其是在公司里上班的朋友）对随机性没有这么强烈的感知呢？这是因为工作在某种程度上将我们与社会的直接接触隔开，从而掩盖了社会是有随机性的这一事实。我们做着任务目标明确的工作，拿着数额明确的薪资，心中就容易产生一切都很有确定性的印象。

我们在工作时面向的往往是几个明确的节点，例如领导、下属、同事和客户，而做内容创作偏偏相反，我们的内容会与无数个小的节

---

① 罗伯特·弗兰克. 成功与运气 [M]. 张琪，译. 北京：北京联合出版公司，2017.

点（也就是用户）交互，这是非常缺乏确定性的一件事。在这样的事情上，随机性又会开始涌现。

前文提到，在不同的时间阶段加入不同的平台，会有不同的结果。

半佛仙人在 B 站上的"破圈"视频，标题是"瑞幸咖啡是如何暴打资本主义的？"，播放量超过千万。这个视频之所以能够爆红，主要归因于瑞幸公司突然曝光的财务造假事件以及随后被要求退市的消息。视频上线时间比事件发生时间更早，这个时间点是半佛仙人刻意选择的吗？当然不是，他并没有得到什么内部消息。这就是"芝麻掉到针眼里"——巧了。

很多人认为随机性等同于运气。其实随机性是一种客观描述，描述的是我们和世界的关系。了解随机性不是让所有人都躺下，等待着自己买的彩票中大奖，而是让一个人在有积累、有努力的基础上，在遇到好的机缘时，能够抓住它并且充分发挥个人的能力，从而获得好的回报。随机性是约束条件但不是充要条件，正如那句我们从小听到大的话：机会总是留给有准备的人。

我曾经在"三五环"的第 34 期节目"识别运气，并享受生活的随机性"中聊过这个话题。我从自身经验出发，聊了聊自己亲身经历的和我观察到身边朋友经历的事情、做出的决策与如今的工作生活状态之间的关系。我意识到世界充满着随机性，很多事情并不是我们规划好、严格执行就能 100% 按计划完成的。反过来说，正因为世界充满了随机性，我们的生活才有了更多乐趣。

在塔勒布的经典著作《黑天鹅》《随机漫步的傻瓜》和《反脆弱》

中，也有相关的论述。世界是混沌的，随机性充斥其中。这种不可预测性对我们的生活、决策，以及我们看待成功和失败的方式的影响是巨大的。

寻找确定性：积累品牌复利

想做内容的朋友可能会去模仿和参考那些流量很大的作者、很受欢迎的内容。比如，也许你会期待着我能告诉你怎样在科技领域做出"乱翻书"这样的微信公众号、怎样在喜剧播客领域做出"谐星聊天会"这样的节目，或者怎样在 B 站成为下一个半佛仙人。

我的答案是：我没有办法教会你这些。不光是我，潘乱也无法再做出一个"乱翻书"，单立人也没法制造一个新的"谐星聊天会"，而半佛仙人也不能生产出另一个半佛仙人。

这不是我一个人的观点，它至少是我认识的 90% 的内容创作者的共同看法，因为成为顶级内容创作者的随机性太强了。

在很多领域，复制和批量生产是非常奏效的方法，比如一个好的袜子工厂可以扩大生产量、收购更多袜子工厂，直到成为顶尖的袜子制造集团。但内容行业不是这样的，如果内容创作者能够像工业产品一样被批量生产，那么按理说 B 站上以影视飓风、半佛仙人等为代表的知名 UP 主应该可以开设培训机构，其他 UP 主则可以通过他们的"流水线"被批量制造出来。而事实并非如此。绝大多数内容机构目前都在以小规模的方式运作，很少有大型内容"工厂"可以持续生产所谓的爆款内容。多数爆款内容都在意外事件中出现，少数掌握在有灵感、有创意的个人手中。

有些人可能会问：既然世界充满随机性，既然顶级的内容创作者也不可模仿，我们做内容创作还有什么指望？

这正是我接下来想要聊的话题：我们不能放弃在随机性中找到自己相信的那份确定性。拉长时间维度看，我们依然能找到有迹可循的方法，那就是让品牌产生复利。

还是以投资为例。在投资领域，短期能够赚到钱，甚至能获得本金几倍收益的投资人，并不少见。这种情况和做出爆款内容的案例一样，可能都是意外出现的。投资人当然也有自己的判断，可它们也往往是无法复制的、随机出现的。把时间拉长看，真正能保持超长期收益率的，恐怕都是巴菲特这样的价值投资者。

展示巴菲特的财富与他年龄的关系的柱状图，可谓是世界上说明复利最好用的一张图（见图 4-2）。

复利的模式不是线性的，而会出现指数级的增长；同时，复利需要长期的积累，很可能在短时间内无法达到我们的预期。这些长期的积累与理财相似，我们需要持续做，并保证自己在成长。要持续关注内容的品质、持续关注用户的反馈，从某种程度上说，**在内容行业中往往并不是"胜"者为王，而是"剩"者为王。**

半佛仙人曾经说过，他在不同平台上写了 14 年的内容，终于在微信公众号和 B 站"熬出了头"；少楠如今创业做的几款产品——flomo、小报童和幕布，不少用户愿意尝试，都源于在阅读他持续多年的付费内容专栏"产品沉思录"过程中建立的信任；我在做播客"三五环"和"半拿铁"之初，并没有太明确的增长预期，全凭兴趣驱动，只关心怎样做好内容，而它们如今成了我认识朋友、获取资源最重要的渠道，也是我收入的一大来源。

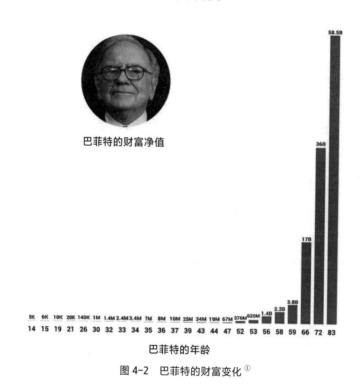

图 4-2　巴菲特的财富变化 [①]

　　每次创作内容时都思考用户价值、思考怎样提升品质，未必能在当下带来什么奖励和回馈，市场不会像公司里的领导一样给你多发奖金。这种高要求也并不是我们的"自嗨"，而是长期看来很经济的一种做法：以长期视角看，有爆款内容自然好，但爆款内容可遇不可

---

① 本图来源于 medium 网站，图片是公开信息。图中的字母 K 指代"千"，字母 M 指代"百万"，字母 B 指代"十亿"。——编者注

求。好的内容品牌才是会持续存在的。就像投资一样，打造品牌的路虽漫长，但它就像一份稳健的理财产品，时间久了，收益会自然浮现，时间会给我们奖励。

长期主义：不是"胜"者为王，而是"剩"者为王

很多朋友尝试做自媒体、尝试做内容品牌，都是带着"这个月就要有成绩""半年后就要闻名天下"的心态来做，可在这样的心态下，一旦数据不够好，他们就很容易崩溃。

从内容到品牌需要细水长流，这就要求我们有足够多的耐心，要坚持长期主义。

长期主义与品牌是息息相关的，它们互为因果。

举个例子：除了 flomo 日常获得的自然流量，每次它的用户量大增，都与某些机缘有关，比如有一次是和"得到"App 合作。为什么它能和"得到"合作？因为罗振宇本人就是少楠的付费专栏"产品沉思录"的读者，"得到"公司内部也有很多朋友知道并正在使用 flomo，很认可它的理念，也认为知识付费与知识笔记在使用场景上是契合的，于是它们开展了合作。

还有一次是 flomo 和刀姐 doris 合作，少楠作为嘉宾去她的播客聊天。能有这次合作，是因为刀姐不仅是 flomo 的用户，而且深深被 flomo 持续传递的理念打动，认为少楠的团队是一个用心做产品、持续告诉用户该怎么使用产品（而没有那种廉价的叫卖感）的团队。她特地提起过 flomo 的真诚——敢于在官网推荐其他同类产品，并且说

明不同产品之间的差异，让大家自主分辨自己的需求。

这两次合作可以用某些"手段"达成吗？似乎很难。少楠在开展很多行动时似乎没有很主动地想着"合作"这件事，至少没有想着具体要和谁合作、做哪些事情会让对方开心和满意。他一直在做的，就是真诚、用心地把产品以及与产品相关的内容做好而已。

值得注意的是，这两次合作虽然是机缘巧合之下出现的、是预期之外的，但少楠依然需要付出努力去牢牢抓住这些机会。他没有完全被动地等待合作发生，而是在刀姐表达了对 flomo 这个产品的喜爱后，主动联系了她。

再举个例子：多抓鱼第一次很有效地"破圈"，是蒋方舟在微博上表示，用多抓鱼处理二手书很方便，这让大众快速对多抓鱼产生了信任。多抓鱼团队事先和蒋方舟完全不认识，她对于多抓鱼的信任是通过长期使用其产品产生的。

吴骏也对我讲过三顿半咖啡冻干粉的故事。他们当初做冻干粉的产品时，偶然尝试出了微缩咖啡罐的包装方案，大家都很兴奋，才觉得这件事要大功告成了。在这之前，三顿半其实已经做出了挂耳咖啡，但它并不足以"破圈"。这个新的小罐包装是偶然出现的机会，也充满了随机性。不过，如果只做出了小罐，却没有准备好冻干粉这样的产品，也是没有意义的。

回溯过往的知名品牌，你会发现很多类似的情况。阿迪达斯"误入"嘻哈文化，耐克在发明气垫篮球鞋的同时签下了乔丹、回力、飞跃等品牌在沉寂多年后遇到国潮文化复兴……

总结下来，依然是这样的道理：

- 我们需要等待机会出现，机会与努力同样重要；
- 机会出现时，我们要凭借过往的积累和当下的努力，牢牢抓住它。

关于如何看待和抓住机会，我们接下来讨论。

机会概率论：坚持带来幸运

机会一定会出现吗？确实不一定。但从宏观上看，机会是呈正态分布的，会随机出现在任何一个人身上。也就是说，如果把视线放长远、把时间拉长一些，只要坚持，每个人都可能是那个幸运儿。

我之前在滴滴出行做产品经理时，俞军老师就说过，互联网发展至今，给产品经理的"极大的机会"并不多。搜索引擎、即时通信这种级别的机会，出现一次的时间都是以十年计的。而"比较大的机会"，每个人在一生中平均会遇到七次左右，能让人得到职场上的跃迁和人生的质变。这些机会，抓住了就是抓住了，抓不住就没有了。

我观察到的内容与品牌的成长之路往往也是这样的。从宏观上看，可能存在很多不同量级的机会：

- 大机会：平台红利、载体剧变等，可能五年、十年才出现一次。
- 还不错的机会：类目红利等，比如几年前的 B 站知识区、这几年的小红书男性用户类目，可能每一两年出现一次。
- 小的机会：热点话题、被"大 V"推荐、联名或者联合做内容的机会等，每年甚至每几个月都可能出现。

从个体角度来说，机会大小和时间周期必然是成正比的。这也是为什么，有的前辈给出的建议是"坚持最重要"。**做内容一个月，只是刚刚开始，遇到大机会的概率几乎为零，当然不会突然成功。但如果周期变成一年呢？变成三年呢？**

很多朋友说：我没有那么多时间啊，我已经裸辞了，我需要在品牌上获得成功。但残酷的现实就是，做内容创作，欲速则不达。很多短时间内快速崛起的品牌往往都赶上了历史的进程，同时它们也必然有着长期的积累。两手空空是不可能建立起品牌的。

B 站的知识区开始建立、大量的知识类 UP 主涌入时，想要从头开始学习怎样做这类内容，恐怕是来不及的，只有那些已经有投资经验的人（如巫师财经、小 Lin 说）、有内容创作经验的人（如半佛仙人），才能够凭借过往的积累抓住机会。

这两年播客市场十分繁荣，但如果没有好的嘉宾资源，就没办法呈现好的对谈内容；没有好的表达技巧，也没办法让用户拥有好的听感。更夸张的是，哪位朋友要是今天才开始学习如何表达、如何说好普通话，播客市场就注定与这位朋友无缘。

由于机会存在概率性，我们很难通过预测和规划来做爆款内容，也很难对一些事情有明确的预期，例如何时让品牌崛起、怎样在某个节点实现商业化。一条很现实的路径是：**在没有太多生存压力的基础上，进行建设内容品牌的尝试。**或者说，也可以先做任何可以赚钱的事，包括继续打工、开个小店，等等。如果有生存压力、迫切需要立刻通过创作内容赚钱，一个人就很可能会为了获得短期的利益而牺牲长期的持续性，导致品牌很难长期建立起来。如前文所述，像意外获得高收益的投资人一样，这个人也许能赚到"快钱"，但未必能在以后的日子里复制当时的成功经验。

浓缩成一句话就是：**但行正确的事，等待机会。**

03　面对质疑：
如何应对和处理负面反馈

有位朋友刚在内容平台上创作没几天就找到我，说她发现自己被网友误解了，想解决问题却无从下手。要怎样避免被误解？怎样避免被误解后的质疑、批评甚至辱骂？

说到负面反馈，很多还没有开始创作的朋友，可能会觉得它离自己很遥远。但实际上它来得比许多人想象的早，也来得比较急，会对我们的精神状态产生极大的影响。

其实，在创作门槛已经无限降低的当代互联网中，我们应当已经或多或少体验过这种不适了，哪怕只是发一个朋友圈、留下一条评论，也有可能得到一些负面反馈。任何公开表达，都存在被误解、被批评乃至被恶语相向的可能。

很多朋友在尝试过内容创作后选择放弃，就是因为精神无法承压。在本书的这一节中，我想和各位聊聊这个话题。

负面评价的问题，从根源上是没有办法解决的。误解和随之而来的恶意是会伴随每一个表达者一生的，无论表达者的影响力大小。我们最终的选择通常会是：**接纳，并与之和平共处。**

冒犯无法预判，误解是必然

误解是必然会出现的，因为这个世界存在着多样性。每个人的生长环境不同，价值观自然也不同。且不说社会背景、文化背景等，仅仅是一个人每天在不同状态下的心情都差别不小。且不说和网友闹别扭、产生误解，就是我们在与父母、恋人、同学、朋友等人日常相处时，也会产生误解。只是，关系越亲密，我们就越有动力去消除这些误解。

为什么在互联网上更容易产生误解呢？主要有三个原因。

首先，大家来自天南海北，世界观、价值观不同，相互共情的可能性比较小。

其次，互联网上的内容突出一个"快"字，不少内容形式都已经被切割成碎片了。比如短视频，短短十几秒里，出现的信息没有任何上下文，观众只看到片段，自然更容易产生误解。再如，我知道有些播客创作者会把内容切片（截取很短的内容片段再加工）放到短视频平台上，也特别容易得到负面反馈。

最后也最重要的是，我们在日常生活中和大部分人进行的交流，是带有目的性的，我们在心态上是有解决问题的预设的。在互联网上消费内容时，我们却很容易把心态切换为"评价"的状态。这与我们从小接受的道德教育有关——**我们习惯性地把很多事实判断，转化为对人的善恶判断**。就像我们小时候看电视剧，总要分清哪个是好人、哪个是坏人。类比到互联网内容平台上的评论区，你会发现，凡是有冲突和矛盾的内容，评论者必然会分成两队，分别支持内容中对立的双方。纯粹讨论事实的人反而并不多。

这些现象导致了一个结果——在互联网上遇到的陌生人，既很容易对你进行评价，又没有动力去听你的辩解。结果就是，你既没有办法回避他们的误解，也没有办法回避他们在误解之后产生的恶意。

有的朋友可能会说：可能是你太不小心了吧。如果你考虑周全，岂不是没人会觉得不适？这种想法颇有些天真。

我认识一些喜剧演员，他们时常谈论的一个重要议题就是"冒犯"。一个作品的冒犯性，应该怎么权衡？很多喜剧演员的结论其实是：**冒犯永远没办法预判。**

比如，你在台上讲述自己曾经摔断腿的故事，模仿一瘸一拐的走路状态，结果发现台下坐着一位残疾人。或者，你讲述自己辛苦复读一年终于考入清华大学的故事，却不料台下有位朋友复读了三年，还是未能考入清华大学。这个人听到你的讲述，感到难受至极。

每个人的经历和经验不同，这是我们完全无法预判的。无论是一句什么样的话，脱口之时，都可能会冒犯别人。比如，你说车厘子很好吃，会不会有家境贫寒的朋友，从来没吃过车厘子，听了就觉得不舒服？你说很喜欢今晚的月色，会不会有刚得了眼疾、失去视力的朋友，听了就觉得不舒服？当然都有可能。经济学上就有这样的理论：当你做出选择时，你其实就已经在歧视了。歧视是不可避免的。

我做内容创作这么多年，亲眼见到的、听朋友讲过的被误解的故事，有听起来格外委屈和遗憾的，也有很多莫名其妙或让人哭笑不得的。比如，金叶宸有一次在讲互联网产品时，因为用了"DAU"这个名词而被一个网友指责了，指责的理由还不是用错了词或者没有对词语进行解释，而是他用了外来语，显得"不爱国"。这种负面评价，让人回复都不知该从何回起。

很多时候，你的诚心被误会是很正常的现象，不代表你做得不够好。比如，你做了一个视频，教别人怎么做西红柿炒鸡蛋。扪心自问，你是本着帮助大家的原则来分享经验的，但可能有人因为做不好这道菜而认为你说的某个步骤里的"一小勺盐"不够量化。你如果回应说可以用厨房秤精确地把握盐的用量，对方可能又会说你在"带货"，认为你在为某厨房秤品牌做推广。他们可能会从各种细节里找出有问题的地方，说你不应该或应该放糖，说你油放太多了或太少了，说你用的锅太厚了或太薄了；甚至可能有人就是因为做出来后仅仅觉得这道菜不好吃，而骂你在"浪费大家的时间"。

所以，一旦踏上内容创作这条路，我们就要接受一个事实：误解和恶意是不可避免的。我们下定决心做个人品牌，就像在"和魔鬼签约"。**想要"出名"、想要有影响力、想要通过影响力获得正向的回馈，就要坦然接受被误解的现实。**

降低犯错概率

虽然冒犯和误解是无法避免的，但我们可以降低出问题的概率，尽量不给别人留下负面的印象。

我在十年左右的内容创作生涯中看到了很多道理相通的故事。知乎的"大V"被发现学历和照片造假、微信公众号的文章被质疑洗稿、播客的内容被批判有事实错误，这些现象在任何平台都有。然而，哪些事件会发酵到非常严重的程度、哪些创作者会成为众矢之的，往往不取决于错误有多严重，而取决于大家过往对创作者及其内容的印象如何。换句话说，大家是否早就看不惯这个人了。

2024 年初，播客领域发生了一件大事：有一位播客主播恶意抢注其他知名播客的商标，被大量播客主播质疑，出现了舆论事件。针对事件本身的讨论很快就蔓延到了质疑当事人过往的各种行为上，例如夸大自己的头衔、主办的行业大会缺乏干货、提供的私人咨询服务不达预期等，甚至包括她曾经的一些不算很恰当的发言。许多网友不仅对她口诛笔伐，一些曾经与她亲密互动的朋友，还被指责成了帮凶。

而如果去观察其中声量最大、持续曝光相关问题的人，会发现他们往往都是过去与那位主播有争执、有矛盾的人，也有付费购买过她的服务但不满意的人。这些人成了她个人品牌的"定时炸弹"，当有导火索出现时，就会一下子"引爆"。

作为创作者，我们想要完全避免引发争议的导火索，几乎是不可能的。而减少深埋的"定时炸弹"，减少容易被人指摘、让舆论群起而攻之的靶子，是更为现实的。

有的朋友不太在意那些所谓的小问题。比如，对付费专栏出现的几个差评、要求退款的投诉毫不在意；提供的咨询服务，有时敷衍了事；做的内容，偶尔洗别人的稿……这些问题当时看来事小，却会积累很多的负面印象，这些印象在如今高速运转的互联网内容平台上传播起来是非常可怕的，即使其中有很多不是真相，也常常出现"造谣一张嘴，辟谣跑断腿"的结果。

我的观察结论是，那些在他人遭遇负面舆情时坚持不懈、执意落井下石的人，通常都是过往与这个人有纠纷或矛盾的人。否则，对看客来说，没必要对一个人如此"执着"。而很残酷的地方在于，这些容易产生纠纷或矛盾的人，有时候就是我们的关注者，在受到某些"伤害"（无论是物质的还是精神的）后，开始由"粉"转"黑"，把制造针对我们的负面信息作为己任。

那么，我们日常要注意的地方有哪些呢？

- 对外的每一条公开发言，尽量对事不对人，价值观不要与大众相左。

- 凡是出现个人姓名和形象的内容、产品、服务等，尽可能兑现交付承诺，出现投诉和差评时，尽量及时应对。

- 谨慎与人结交，尤其是公开表示自己与对方关系密切或推荐对方的内容、产品、服务。

- 避免公序良俗方面可能会被揭发的严重问题，比如欺骗合伙人、欺骗粉丝财物等。

以上几条是底线要求，我们必须做到。而接下来几条是执行起来风险相对较低的建议，希望你能做到。

- 减少情绪化的发言，不与人在网上争执，甚至结仇。

- 内容创作中不存在事实错误、不存在洗稿和剽窃行为。

- 避免出现可能会被质疑的私德问题，比如与合作方产生纠纷、私生活混乱等。

- 不在公开场合彰显存在感和优越感，比如，说自己认识某个大人物、自己做过某件大事、自己多富有等。

想要拥有个人品牌，就必然会"戴着镣铐跳舞"。这不是互联网时代才有的个例。假如我们认为楼下的餐厅老板是一个令人讨厌的人，即使他家的餐品好吃，我们大概率也不会去这家餐厅吃饭了。如果别人想去，我们可能还会向对方讲讲他的"黑料"。

用户对创作者形成的印象是日积月累而来的，我们在小事上谨慎，才能避免出现大的问题。

情绪工具：课题分离

对于负面评价，我们只能降低它们出现的概率，却无法完全避免它们的出现。那么，真正遇到负面评价时，我们应该做什么呢？

首先要做的并不是解决负面评价本身，更不是解决对方的问题，而是解决自己的情绪问题。

我自己就常有这样的遭遇：看到一条负面评价后，心跳会骤然加速，我会忽视绝大多数的正面评价，脑海只被这条差评所占据。而这种占据，会快速席卷所有的情绪能量，让我产生更多的想法：我是不是真的做得很差？别人看到这条差评会怎么想？大家会不会更讨厌我？

这些都是情绪上的冲动想法，我会不断进行莫名其妙的联想，一直想到各式各样的场景，例如对方会怎样嘲笑自己。然后，我就会在这种冲动下做出很多非理性的行为，比如与对方产生言语上的争执。我在很早之前甚至会专门写文章来批判对方、与对方争辩，甚至恶语相向，最终变成双方"互殴"，结果简单的小问题演化成了大的、影响个人形象的"公关危机"，得不偿失。

产生这种情绪原本是情有可原的，并不存在什么对错，也没必要因为自己会对负面评价产生焦虑而对自己灰心。实际上，当我们有了经验，能够反思和觉察发生了什么、自己的情绪出现了什么样的波动时，很多情绪就不会轻易占据上风，我们也不太可能做出过激的行为。

在处理情绪化的问题时，可以使用一个工具：**课题分离**。这是我在畅销书《被讨厌的勇气》[①]中读到的一个概念。作者引用了心理学家阿德勒的观点，认为人的一切烦恼都源于人际关系，而解决这些烦恼就要进行课题分离，也就是：

一件事情的后果由谁承担，这件事就是谁的课题，他人无权干涉。

举个例子。小 A 由于小 B 创作的内容产生了愤怒的情绪，该如何处理？课题是需要分离的：

- 对小 A 而言，他的愤怒应当由他自己消解。他可以取关小 B、拉黑小 B，甚至在很多地方表达反感和不适，号召大家取关小 B，来解决自己的情绪问题，这都无可厚非。

- 对小 B 而言，他不应该关心怎样让小 A 不愤怒，更不应该去建议小 A 不要愤怒，而要关心自己的课题：小 A 提到的问题，如果是内容的事实错误，可能会引发大家的不信任，乃至对小

---

① 岸见一郎，古贺史健. 被讨厌的勇气 [M]. 北京：机械工业出版社，2015.

B 的失望，这些内容的确需要处理；如果小 A 提到的问题小 B 不认可，只是小 A 非常个人的感受，小 B 就完全可以忽视小 A 的愤怒，或者接受小 A 的愤怒。

这样一来，问题就明晰了。

对小 B 来说，最容易被负面情绪影响的情况，是误以为小 A 的差评是对自己的全盘否定，小 B 会有非常强的冲动，想要去扭转小 A 对自己的看法。这真的毫无必要。

总的来说，我们需要把自己"替别人操心"的心态纠正过来，那是对方的课题，并不是我们的课题。当用户不了解某些事情，对事情有误解、有错判，或是像前文的例子中提到的那样，炒不出一盘好吃的西红柿炒鸡蛋时，你既没有义务也没有权力去改变对方。如果我们把自己的课题建立在别人的课题的基础上，我们自然会痛苦，因为我们大概率改变不了对方。

反过来也一样，我们做内容，不能要求用户有照顾自己、体谅自己的义务。

这种生活在课题分离状态下的人际关系，才是更健康的。我们时常需要用这种心态与家人、朋友交流，毕竟，连共同生活的家人都难免想法不一致，大家需要各自关心各自的课题，那么，对于互联网上遇到的陌生人，我们就更没必要去关心对方的课题了。**明明是陌生人，是此生可能就只有一次交集的过客，我们为什么要和对方的课题纠缠在一起呢？**

如果你是个心思敏感的人，可以考虑关闭评论区，屏蔽一些人。遇到毫无道理的谩骂时，可以选择不去争辩和吵架，而是拉黑对方，彻底隔绝连接。

这种行为并不代表着我们完全屏蔽外界的反馈，也不意味着阿 Q 精神。正如前文所言，收到负面反馈时，我们要思考这个反馈意味着什么、与自己的关系是什么。

如果你教别人做西红柿炒鸡蛋得到了负面反馈，就说明你是个很差的厨师吗？说明你的内容很糟糕吗？可能都未必。负面反馈通常是很情绪化的、主观的感受。我们在客观视角要关心的是，每一条评论意味着什么。

- 对"一小勺盐"的用量不清楚的朋友，可能就是刚入门，对做菜不熟悉，需要量化数据的帮助。
- 对放不放糖有疑问的朋友，可能和我们所处的地域不同，有自己的口味偏好。
- 认为你是在为某厨房秤品牌做推广的人，可能之前被某个无良自媒体的广告欺骗过。
- 纯粹觉得菜做出来不好吃的，可能也只是说明你们的个人口味不同。

你会发现，反馈背后都是不同的人的课题。而选择就摆在我们面前：

- 是否要做针对刚入门的朋友的内容？
- 是否要考虑地域差异？
- 是否要避免别人误会自己推荐厨房秤是收了广告费的？
- 是否要照顾每个人的口味？

是否要做出这些选择，没有对错、无关正误，只取决于我们做内容时的想法。想清楚我们的课题是什么，就更容易与负面反馈和解了。

人生苦短，把注意力放在对自己重要的人和事上吧。

危机处理：于情于理

对创作者来说，有时候自己的情绪问题解决了，事情也就解决了。但也有时候，事情由于某些原因发酵，就变成了个人品牌的危机，我们就需要对一些公关危机进行处理。

当真正出现了危机，也就是有大量的负面评论出现并且发酵时，讨论相关话题的人越来越多，甚至传播到了更多的平台。我们暂且不去考虑对方的动机如何，而要考虑怎样处理这一问题。第一步，当然不是反驳，而是先考虑怎样解决用户的情绪问题。在理想的情况下，既要于情也要于理。二者之间，于情往往是更关键的。

一旦你的回复有一些情绪化的表达，并没有在情理之中，可能就会被火气上头的用户添油加醋地传播出去，造成的影响就收不住了。在互联网舆论中，看似是创作者更有影响力，但其实创作者往往处于劣势，因为普通用户都存在一种"站鸡蛋而不是站石头"的朴素观念，同时又常常误会创作者就是"石头"。在这种争辩中，当双方都有不当之处时，舆论一般都会支持普通用户，而非创作者。

2014 年，当时还是评测机构 Zealer 主理人的王自如对锤子手机T1 进行了评测，其中有很多不够严谨的部分，让锤子手机的创始人罗永浩大为光火，二人约在直播间激烈辩论了三个多小时。

今天看来，王自如是落于下风的，他并没有解释清楚自己评测中的问题，如今很多人再提起来，都会觉得罗永浩"完胜"王自如。可是在辩论刚刚结束时，整个舆论场是另一种局面。很多人指责罗永浩没有风度、经常打断别人，在辩论结束后的较长一段时间里，王自如在舆论场上反而还略胜一筹，虽然他在整场辩论中其实并没有讲出多少道理。

多数人处理危机时，首先面临的问题是情绪处理，之后才是辨明是非。因为舆论场更喜欢充满强烈情绪化表达的内容，尤其是在较短的时间内。在短内容的时代，截取一句话、截屏一个表情、截走一个观点，剩下的内容都很容易被人指摘，当看客被情绪冲昏头脑时，创作者根本无从辩驳。

要优先处理的，就是有错要先低头认错、站直挨打；没错，也要先承认一些不足和问题，再去做解释。看客首先关注的往往是我们的"风度"和"态度"，而非"对错"和"事实"。在处理危机时，我们肯定不能罔顾后者，但要更关心前者。

我们做内容，用户出现误解和恶意不可避免，而我们能控制的，是尽可能在危机出现时，不让舆情大规模发酵，继而让大多数本来只是看客的用户失去信任。对待负面反馈，除了后文会提到的一些心态上的调整，我们还要控制好自己的情绪，认真严肃、于情于理地给出回复。

比如，某个用户发了一条评论，认为你侮辱了某个人，而实际上你在讲述时完全没有这种动机，此时正确的处理方法有两种：

- 删掉评论，拉黑对方。

- 回复:"不好意思让你产生误解了,但我确实没有这种想法。下次我会注意表达。"

第二种会更好一些,尤其是在它没有过度消耗你的情绪的情况下。如果你的情绪已经大受影响,可以默认使用第一种处理方法。第二种方法给出的回复不仅是给对方看的,而且是给所有看客看的。当你用这种于情于理都没有问题的方法回复时,对方也拿你没有办法,而且其情绪往往也会舒缓下来,你们后续的沟通一般都会比较顺畅。

当然,对方也有可能得理不饶人,继续挑起冲突,强调他觉得你就是故意为之。此时就可以不做回复了,甚至可以删除评论、拉黑对方,这些做法都是可以接受的,因为此时不占理的已经是对方了。即使他把这些证据拿出去对别人似是而非地宣传,也很难有人支持他。

兜底与退出策略

遇到负面评价时,先在情绪上与之和平共处,能够做到课题分离,就已经能解决多数问题了。在负面评价发酵之后,我们要处理舆情的危机,要妥当回复、积极解决问题,也已经能把几乎所有剩余的问题都解决掉。在最极端的情况下,也许负面评价凭公关手段也无法解决,那么,对创作者,尤其是那些个人形象对外公开的创作者来说,这就相当于"灭顶之灾",网络暴力可能会直接摧毁他们的生活。

在互联网的历史上,不论是我国还是外国都有很多令人扼腕的故事。很多原本过着正常生活的普通人,由于某些机缘巧合被推到舆论的风口浪尖,然后遭遇网络暴力,后来不幸自杀。一般人想象不到网络暴力的可怕，在没有遇到时，总以为自己可以云淡风轻，殊不知真正遇到时，绝大多数人都会无法承受，陷入强烈的自我认知偏差和生无可恋的情绪中。即使足够幸运，可能也会是个长期失眠、精神状态受损的结果。

未雨绸缪一下，为了能够相对彻底地解决这个问题，我们通常还是需要准备一个退出策略，让自己在承受不住负面评价时，能够相对安全地撤出互联网，回归自己的生活。

有三个层面的退出策略需要考虑。

第一个层面，是**内容账号的退出**。当我们的内容有交付承诺时，我们就需要提前考虑退出后的策略。比如，要售卖一份内容专栏，如果担心内容服务的可持续性，担心可能会出现意外，就需要在售卖的同时确保用户有关闭服务的方法，比如去找那种支持全部退款或者部分退款的平台。否则，一旦出现问题，就只能等待个人品牌崩塌，很难平和收场。

这种退出有时也涉及团队合作的退出，比如一个账号是几个人共有的，如果其中一个人要离开，该怎样分账、怎样善后，通常需要在账号建立之时就先约定好。

第二个层面，是**个人形象的退出**。如果想要能够完全把个人身份从互联网的内容身份中退出，就要**提前切割好个人生活**。

如果在网上毫无保留地把自己的真实生活暴露出来，有的人甚至还会暴露自己的真实姓名、真实工作身份等，就会带来非常大的麻烦。创作者自己还好说，有时愤怒的网友还会把怨气发泄到创作者的家人、朋友身上，影响创作者的正常生活和工作，这就是非常可怕的事情了。

所以，自己的隐私信息务必要防止泄露。在互联网上进行的公开表达，只围绕内容主题本身，不过多投射自己的真实生活。这样，在遇到危机时，就可以彻底切割，回归日常。

第三个层面，是**把个人品牌切换为组织品牌**。这也算一种未雨绸缪——在内容不退出的情况下，个人可以退出。

在内容创作方面，个人品牌和组织品牌都是存在的。多数播客都是个人品牌，如果播客主播的声音有非常强的辨识度，用户对内容的认知就会沉淀到这个人身上。很多微信公众号则是组织品牌，比如"差评"这样的工作室账号，或者"财新""第一财经"这样的传统媒体账号。

有的个人品牌是后期成功切换为组织品牌的，比如"交个朋友"直播间，就在持续"去罗永浩化"，虽然很多早期的观众都是冲罗永浩来的，但如今，直播间中没有罗永浩也能保持同等体量的观众数和销售转化，这就说明个人品牌成功变成了组织品牌，让品牌的前后一致性不受个体的影响。

还有一些品牌是个人品牌和组织品牌共存的，处于过渡期，比如 B 站的知名 UP 主何同学和何同学工作室、潘天鸿和影视飓风。他们个人出镜的视频会更受欢迎，但同时工作室的其他视频也能受到不少关注，保持一定的品质和风格。

在建立品牌的过程中，有可能会出现很多意外情况，包括但不限于：创作者的私德问题导致其个人声誉受损；创作者的个人健康状况受到影响；创作者的个人情绪状态未必稳定；更常见的是，当创作者的个人兴趣和动力发生转移时，他很期待能脱身出来，但又不想放弃自己已有的内容账号。所以，很多有条件的团队，会开始尝试"去个人化"。

考虑到这些，也许我们在一开始做内容时就要想清楚一些形式上的问题：个人要不要出镜？个人要不要用自己的声音？是否要强调个人的情况，或者以个人经历背书？……这些选择会让用户产生长期感受，品牌的形象会在此基础上持续积累，在用户产生了习惯后，就很难调整和更改了。如果创作者有很强的表达欲，想要长期进行内容创作，不担心个人动力问题，那还好；但如果创作者期待着未来能把内容品牌的规模做得更大，甚至未来要成为老板、退居幕后，就要考虑如何过渡到组织品牌的问题。

04　商业化路径：
内容品牌如何变现

流量并非品牌，能赚钱的内容也不同于品牌内容。这并不意味着做内容品牌就是做公益、就是不追求收益，品牌和品牌收益的特点是持续且能产生复利，总的来看，未必比赚"快钱"来得少。

试想一下，如果罗振宇在成名之时就每天到处巡游走穴、给公司老板们上课，而不是去做一个内容平台，他会不会很早就消耗完了用户的信任？如果我早期在写产品经理的内容时，每篇文章都"带货"，卖肉松饼、卤鸡腿等商品，这种赚钱的方式，会不会很快就没法继续了？

反过来说，仅凭兴趣做内容很好，可一旦兴趣消退，也没有其他方面的正反馈，估计就很难持久。我身边写文章、做播客的朋友不在少数，能坚持下去的，往往不是单纯凭兴趣的人，而是能获得特定收益的人。直接的商务收入是一种收益，还有间接的职场收益、人际关系收益、资源收益等，这些也都是实际意义上的价值，它们能带来工作机会、带来生意上的伙伴和客户，继而带来商业收益。

说到品牌内容的商业化，用一句话概括就是：

不要只为了商业化而开始，但在有商业化机会时要用力抓住。

To C 到 To B，几种常见变现方式的利与弊

接下来我会探讨几种常见的内容变现方式，并说明其利弊。

To C：内容付费

内容付费是利用影响力直接售卖内容，比如微信公众号的付费文章、播客的付费单集或栏目，以及知识星球上的内容等。

内容付费的好处是，创作者凭借内容赚钱，没有其他的"幺蛾子"。内容本身足够好、能赚钱，这就是"站着挣钱"的方式。

不过，内容付费存在两个问题。

第一，内容付费很难扩大规模和影响力，尤其是在内容创作阶段的前期。

如果一篇文章是免费的，它的阅读量是 1 万，改为收费 10 元，可能就只有 200 人付费了。这样看来，即使赚了 2000 元，也损失了

9800 个被阅读和持续关注的机会。前文提到过，我们的目的是能够形成品牌，降低未来的内容获得关注的边际成本，而在品牌还没有形成时就贸然收费，会让内容更难被人看到、更难与用户建立长久的连接。

第二，内容付费的客单价很低，不太适合进行长期持续的商业化运作。

接触过出版行业的朋友应该清楚，我国的书籍定价在全球范围内也是比较低的。通过阅读图书来获取知识和信息时，大众还没有形成愿意付高价的认知；几年前，在由"得到"App 推动的国内知识付费的风潮中出现了大量的付费内容，由于多数品质不佳、赶工痕迹严重，导致愿意付费的主要群体（一线、二线城市人群）对知识付费留下了不好的印象。

在目前的国内市场中，除了少数知识付费领域的头部创作者（如薛兆丰、刘润）可以凭借长期的品牌建设和平台的卖力推广获得很高的收益，大多数播客和专栏的创作者，很难全职依赖这件事生存。哪怕是在垂直领域中较为顶级的创作者，例如纯银，在专栏上的收益也不算特别多，其他创作者的情况可想而知。

有些朋友对国内的付费市场灰心丧气，认为只有所谓"割韭菜""贩卖焦虑"的内容才能成气候。其实内容付费并不是没有机会，我们乐观地看，与外国更成熟的市场相比，知识付费、内容订阅对我国的许多用户而言已经成为常态，大家愿意为优质内容买单。

《财新》杂志以"硬核"的财经内容闻名，阅读门槛不低，需要读者掌握基础的商业知识，其中的文章也都是长文，而它在 2022 年以 70 万的订阅量跃居世界媒体订阅榜单的前十名。

总的来说，在我们具备了一定的影响力、有了一定的受众之后，就可以考虑内容付费的商业化方式，而在此之前，可以先找到目标用户，让他们先认识我们。

还有一种方法是部分内容付费，部分内容免费。前者是商业化，后者用来传播内容，二者互为补充，很像我们熟知的许多 App 的付费版本与免费版本。这也是可行的方法，"黑猫侦探社""日谈物语"等播客就是这么做的。

To C：带货

带货就是直接卖货，制造从内容到商品的转化，并从中获利。过去创作者带货往往还要和商家抽成，如今相关基础设施很完备了，自己开个小店都很容易。

注意，这里提到的带货是为 GMV 负责的情况，如果商家投放了广告但不要求创作者为结果负责，这种情况放在后文中关于品牌宣传的部分讨论。

相较于内容付费，带货最大的好处就是客单价可以提升，且不会制造太高的溢价感。前文提到过，在行为心理学中，有"心理账户"的概念，即用户在不同品类下的购买额度是有相对预算的。比如，我们日常吃一顿饭，花 30 元觉得合理，花 300 元就觉得贵了。

内容付费在很多情况下需要用户有额外的支出（除非你的付费内容正巧替代了别人的内容）。比如，面对一个每月 30 元的付费专栏，用户就要考虑，是否要每个月为它多花 30 元、每年多花 360 元。

而带货面临的情况可能是，本来用户买日用品（如卫生纸）的预算是固定的，如果价格差异不大，在你这里买，和去知名电商平台网购并没有太大区别。这样的消费决策用户就更容易做出来。

使用带货的方式实现内容商业化，有以下几个特点。

第一，带货的品类与目标用户是否匹配，影响转化率和客单价。

比如，早期游戏主播的带货品类往往以肉松饼为主，因为其利润高，供应链也健全。不过这不是长久之计，观众会为喜欢的主播买单，但这样的品类会把目标用户限定在很小的范围内。如今很多游戏主播的带货，有数码产品、游戏外设，也有一些游戏推荐，它们在内容上也能有更好的融合方式。有更多可以提高信任度的解说背书，用户范围一下子就扩大了——"我可以没那么喜欢这个主播，但他作为游戏主播，对这类产品的了解是很深入的"。这种想法自然能让用户建立信任感。

对客单价而言，多数冲动消费决策的客单价不会太高，比如许多抖音直播间的带货客单价，往往在百元以下。而对电商直播的主播来说，他们往往需要在一场直播中介绍很多商品，品类很难集中，也就很难与主播的专业方向匹配，这是限制客单价的主要原因。

而播客、微信公众号文章、B 站视频这些容易形成品牌的内容形式，有着独特的优势，即创作者可以根据自己的专业性论述内容，提供完整的产品评估和建议，如家电、数码产品，甚至新能源车、理财产品等。这样，客单价就可以提升很多。

第二，在获得收益的同时，也要考虑带货的持续性，及其对品牌的损耗。

带与自己的专业内容领域品类不同的货（如产品经理卖零食、美食博主卖游戏）会损耗品牌，那么，带自己领域的货就不会损耗品牌吗？也不一定。比如，一个数码博主，今天推荐这个外设、明天推荐那个外设，用户就会产生疑问：你真的都用过一遍了吗？还是收了钱张口就说的？

生活方式类的博主确实可以今天卖红酒、明天卖香薰，这是带货密度的问题。电商直播的主播为什么能带那么多货？更多的原因其实还是在于低价驱动。

带货还有一个潜在的损耗品牌的风险，就是货品质量不可控。带的货若是内容产品，它总归是自己创作的，还是可控的；带别人的货，品控和售后服务就有风险了。尤其是餐饮类、户外类的产品，还会有更麻烦的食用、使用等意外风险。这也是需要考量的。

带货想要真正做到可持续，最终往往会走向自营。很多直播间都有自己的自营品牌，有些播客、微信公众号、B 站 UP 主也有自己的自营品牌。知名播客"知行小酒馆"和"无人知晓"就是创业公司"有知有行"旗下的品牌播客，在节目中，主播会非常节制和有耐心地提供有价值的理财见解、职场感受和个人成长建议，听众对节目产生的信任会转为对"有知有行"公司旗下产品的信任，即使产品是客单价高的服务，对公司来说也是品质可控的一种服务，比"给别人带货"的风险更低。

所以，我看到的比较理想的、相对可持续的情况，往往分为两种：

- 低客单价＋许多合作产品（多数直播间的做法）：为用户提供

低价渠道，严格筛选货品；

- 高客单价＋单一自营产品（有些微信公众号、播客、B 站 UP 主的做法）：做自营品牌，用内容为自己背书。

To C：服务付费

服务付费和内容付费的区别在于，内容付费是一次性买卖，创作者承诺提供的内容，能保证交付就可以了，而服务付费则需要在内容之外提供更多增值。

最常见的付费服务有两类。

第一类，培训。

培训的好处在于能够大幅提升客单价。与把类似的内容写成书相比，虽然一本书能带来一定的稿酬，但做成视频、精心剪辑过的培训内容，再附加一些培训中的互动服务（答疑、作业批改等），就可以提升客单价。

在客单价高的前提下，培训也会带来一个非常需要关注的问题：能否保证交付。这也与品类有关。如果你提供的服务内容真的能保证交付，比如教别人剪辑一期播客，这样就更可靠；而如果培训的旗杆树得太高、旗帜太大，比如承诺一定能教会别人当产品经理，但实际上很多人在接受培训后依然找不到工作，这就很危险了。后者的品牌可能在一两批学员结束学习之后就彻底崩塌。

如果你不擅长提供服务，但能够把用户转化给其他擅长做培训的朋友，为他们做宣传也是个不错的选择。这就回到带货的逻辑了。

第二类，社群。

社群既要围绕内容建立，又要在内容之上营造一个好的讨论氛围，为用户提供一些连接价值。就我的体会而言，做社群最困难的点有两个。

一是如何能保证成员之间有共同语言，说得直接一点，就是确保社群成员的素质稳定，不要让大多数成员有"这个人怎么也能来这里"的印象。正所谓"劣币驱逐良币"，有了一些"糟糕"的成员，社群整体的氛围就会大受影响。为了解决这个问题，有些社群用高价作为门槛，也有些社群用客观条件（如背景、履历、平台的关注数等）作为门槛。

二是如何能持续运营，保证可持续发展。社群的运营是一件极度花费精力的事，我曾经组建过社群，因为当时不太理解这一点，所以我的社群很快就归于寂静。你的很多微信群可能也是这样。除了需要有持续的主题（比如，吐槽春晚就不是一个可持续的主题），还要有持续的话题引入，让社群热闹起来，这些都需要运营。

总的来说，付费的服务看似简单，但它很考验一个人的擅长程度和团队合作能力。如果贸然承诺太多，最终却没办法交付，不仅会让服务本身备受质疑，而且可能会让整个品牌都瓦解坍塌。

To B：品牌宣传

接下来我们看看 To B。

品牌宣传指的是甲方愿意付费做品牌方向的广告，对面向目标用户的曝光感兴趣，而不要求转化和带货的 GMV。

品牌宣传的好处是，不存在用户为产品或服务付费后的交付问题，完成对内容本身的传递就完成了任务。良好的品牌宣传会有双赢的结果，它可以将甲乙双方的用户都向对方一侧导流，进而让用户对品牌产生信任，为品牌的价值带来增长。

品牌宣传的另外一个好处是，它的客单价并不低，有时候比带货还要高很多。例如，假如知名科技媒体"晚点 LatePost"卖数码产品，或许一篇文章能带来几万元的销售额就不错了，即使抽成再高，大概也就是刚超过 1 万元的水平；但如果它对 To B 的内容收费，例如推广某个大公司的新品发布会，或者某个产品发布的新版本，它面向的用户群体价值高，收费就自然很高。

"半拿铁"在经营三年后有了一定的关注度，在小宇宙 App 上有了 30 多万的订阅量。我们过去的品牌合作方包括永璞咖啡、双心、影石 Insta360、东方树叶、奔驰等。品牌方对"半拿铁"的信任来源于那些对商业故事感兴趣，并有耐心花几小时听完播客节目的听众，他们就是品牌方想要传递品牌信息的目标用户。"半拿铁"的完播率为 71%，多数听众会把每期平均 100 分钟的内容听完，而我们在节目中提到品牌方时，使用的也是日常内容的表达方式，听众往往也不会跳过这一部分内容。

在合作过程中，品牌方的期待往往是我们传递一些公开、客观的信息即可，并不需要我们为产品背书，更不需要向听众带货。这些合作从品牌方处得到的反馈，几乎都是正面的、肯定的。我们和品牌方的合作，也都是顺畅的，因为这些品牌方大多不会干涉我们的内容，为我们留出创作的空间，这样也不会损耗"半拿铁"本身在用户侧的信任度。

正因为不需要向甲方交付、合作更多是源于信任的，所以用品牌宣传的方式变现的问题就在于甲方难寻。好的内容品牌能够对特定的用户群体施加影响，这一点需要得到品牌方的信任。在不同的领域中，往往只有做到最头部的内容品牌，才能有持续、稳定的品牌宣传方面的商业合作机会。

我们做内容品牌时，不妨把这件事当作追求的极限目标——做到垂直品类中的前几名。只要能做到前几名，即使仅靠品牌宣传的商业化，内容创作也完全能成为一项可持续的生意乃至事业。

To B：内容制作

如果足够擅长做内容，可以考虑利用自己制作内容的方法，帮助别人制作内容。比如，当你的播客足够有知名度、别人比较认可时，你就可以用这份经验帮助别人制作播客。

内容制作就像很多 To B 的外包工作，优势是每一个订单的价格都是稳定的，如果有长期的客源，订单也是稳定的。不过弊端在于，内容制作本身属于劳动力变现，能产生的复利有限，未必是长久之计。不论是自己完成还是招募团队完成，当想要扩大规模、提升收入时，依然要付出更多成本，无法像其他商业模式一样拥有较低的边际成本。

不过，对个体创作者来说，把这种商业化的方法作为副业或者兼职也未尝不是一种补充选择。

To B：专业咨询

还有一种特殊的内容品牌，是创作者等自己内容的影响力形成品牌后，向甲方出售专业领域内更高客单价的服务，大多数是咨询服务。

比如，一个在公共媒体中很有影响力的科技自媒体作者，就有机会成为投资机构或大公司战略部门的顾问，因为他有着更充分的外部视角、更全面的外部信息，能够提出一些新的观点和看法。

能提供专业咨询服务的内容品牌，与用劳动力变现的巨大差异在于，做咨询是能产生复利的。比如"给可口可乐公司提供过咨询服务"，这本身就是一个很有力的品牌加成。小马宋、华与华等公司都是如此，其创始人创作内容（例如写书）、频繁在各种社交媒体上曝光，很多时候并非为了将当时的内容变现，而是为了个人品牌的增值，以及为围绕自身展开的咨询服务增值。

从四个维度分析，找到适合自己的变现方式

在 To C 和 To B 的这些变现可能性中，在刚刚启动时，我们未必要考虑太多，选择自己擅长的、有经验的就可以尝试。而如果要保证长期的可持续性，就需要考虑更多的维度。

第一，是否有损品牌形象。对品牌形象的损伤是不可逆的，有时候一件事看起来很小（比如，我们售卖了一款假冒伪劣产品），不要以为低头道个歉就好了。下次带货时，人人都会警惕起来，不会再轻易相信我们了。

第二，是否可控。如果带的是不熟悉的货、推荐的是不熟悉的服务，一旦在交付上出了大的岔子，就会特别麻烦。有时一切并非我们

的本意，但我们可能对合作方不够了解，导致对方的交付出了问题，用户也会认为我们有连带责任。哪怕法律上无法追责，用户也会不再信任我们。

第三，是否可持续。比如，偶尔接一个不错的品牌宣传商单不难，客单价也合适，但有可能这个品牌方的负责人是我们的朋友，这次合作只是出于偶然的运气。不能持续接到这样的商单，也就很难把商业化做大。

第四，是否有高 ROI。要考虑边际成本和边际收益。有些内容制作方面的商单，客单价看似不错，但劳动力成本始终降不下来，每次我们都要花很多时间进行制作，无法脱身，这就从内容创作变成了给别人打工，恐怕也不是个好生意。

考虑清楚以上四个维度，然后多尝试、多体会、多收集反馈、多优化迭代，相信你的商业化之路也能越走越顺利。

当然，在内容创作的初期，任何能商业化的机会都可以把握住。先让自己没有压力地把内容做下去，这始终是最重要的考量因素。在商业化上也不可能"一口吃成胖子"，跌跌撞撞地在迭代中成长是常有的事。

05　隐形成本：
不要冒进，让输出可持续

商业模式的组成都有两个层面：获得收益、控制成本。例如前文提到的内容制作的商业模式，其成本就降不下来。

在成本方面，我们还需要有更多考量。基本的经济维度的成本，是显性的，然而，还有两个隐性成本很容易被忽视：机会成本和长期成本。

机会成本：留在牌桌上

对每个决策而言，最大的成本通常都是机会成本。如果我们选择做 A，就有很长时间不能做 B 了。选择把内容创作当作主业或副业，机会成本也是不同的，如果我们选择把它作为主业，机会成本就是不再有时间和精力投入别的工作中。

做内容方面的决策就像在进行一场牌局，每个人摸到的牌不同。有的人在公司的牌桌上，没拿到好牌，又羡慕隔壁桌做内容的朋友，看到对方赚了不少筹码，于是失去了耐心，决定扔掉自己手里的牌，去别的桌上重新摸牌。临走时，还要摆出一种大义凛然、破釜沉舟的姿态。

我常和很多朋友交流，比如前文提到的少楠和半佛仙人就都有一个共识：离开牌桌就是想在战略上偷懒、想靠着热血去完成一件事，这是非常不理性的。

前文提到过，"草率的开始，胜过深谋远虑的蛰伏"。做内容创作，有了一点想法的苗头，都可以先尝试。但这里的"草率"指的是先去内容创作的牌桌上摸一张牌试试，而不是要丢掉自己手里的牌。

万一新拿到的牌很差呢？万一创作并不顺利呢？一旦以离开牌桌作为起点，很多时候我们就只能硬撑下去，直到撞到南墙，实在走不下去，才肯回头。这种风险是巨大的，因为等到肯回头时，原来的牌桌上往往已经没有我们的位置了。

更理想的方式还是先攥紧自己手里的牌，再找机会尝试。不要"裸辞"尝试内容创作，也不要在一个平台的内容创作有起色时，贸然去另一个平台重新开始。更不要在有一种商业化苗头时，又决心完全转变为另一种商业化模式。要知道，由于前文提到的随机性和长期主义，我们需要等到好牌出现，而不是陷入"疯狂摸牌—发现不好—离开牌桌—重新摸牌"的恶性循环，后者是很危险的。

只要我们还在牌桌上、还在持续做内容，机会就总会涌现。比如，我并不能预测中文播客的市场是否能繁荣起来，但我相信它肯定会向与美国播客市场状况相似的方向发展，具体需要三年、五年还是十年，我不知道，但我需要做的就是保持自己在牌桌上，当然也可以找机会去别的牌桌上试一试，但当下手里的牌，不能随便丢掉。

长期成本：考虑未来的边际成本

有一些朋友在投入时会"三分钟热度"，也就是在前期高估自己长期做这件事的兴奋度，这样就很容易低估自己的边际成本。比如，起初写文章时，每次要花六小时，后来失去热情了，越写越痛苦，每次要花八小时，时间越来越长，成本越来越高。

比如，一开始写东西，在直觉上认为自己能想到很多可以输出的内容，至少能写五六篇很有价值的长文。但等把这些长文写完之后呢？等自己的经验干货被掏空之后呢？很多人并没有想得很清楚。

再比如，一开始拍视频很有干劲，做得很精致，画面很精美，文稿也特别用心。但这其实属于永久性地增加了长期的成本，因为用户已经习惯了这种内容形式，再想要调整和改变，就变得很难了。

还有些人的情况是，内容尚没有起色、商业化也还没有明确的方向，就忙着扩大团队、组建工作室。招的人越来越多，成本无法控制，而且本来投入内容制作的精力就有限，还要兼顾人员管理、组织协调，结果把资金成本和时间成本都浪费在了没必要的地方。

看到这里，可能有读者会疑惑：前文不是讲过，一台好的设备、一个好的工具，哪怕单价高，为它们付费也是值得的吗？

其实这就是一体两面的问题，逻辑都是相通的：要看长期的投入能否带来长期的收益。如果一台好的电脑能够减少三分之一的工作时间，可以把省下来的工作时间能创造出的价值换算出来，看看这台电脑到底值不值这个价。这是一个计算题。

除此之外，如何避免成本变高的问题愈演愈烈呢？核心有两个方面。

第一，要区分长期成本和一次性成本。有些成本是一次性的，比如做播客需要的录音设备，可能要花 2000 元购买，购买后能用七八年乃至更久，这种成本即使被看作损失，也不会是持续的；有些成本则是长期的，比如一开始就请了报价高昂的剪辑师参与，虽然每期节目的平均剪辑费不多，可能是 1000 元，但这样的成本是持续的，甚至可能是永久的。所以，理想的情况是，在做播客的初期，可以考虑自己进行剪辑。尽量先别叠加太多长期成本。

第二，随着边际收益的增加，要陆续增加边际成本。有一些可以外包的工作，也可以陆续交给别人来做，不过要有合理的收益和成本控制。比如，当每期节目的收入能达到 1 万元时，再拿出其中的1000 元作为制作费用，就是更合理、更安全的。在团队的收益规模逐步增大后，无论是招募新成员，还是租赁办公室，都可以在自己能承受的范围内进行。

　　总之，一步一个脚印，在成本上也不要冒进。

第五章
创作者对谈

在创作本书的过程中，我对身边的多位内容创作者进行了访谈，把他们宝贵的观察和经验融入自己的方法论，体现在了本书的内容中。这些访谈在"三五环"中以播客的形式呈现，在这里我精选了其中较有代表性的两次对谈。你会发现，受访者的很多观点与我所讲的内容相互呼应，能产生共鸣，也有一些观点与我所讲的内容不同，可以作为一种更立体的参考。

01　创作者对谈之一：
半佛仙人

半佛仙人（以下简称"半佛"）

公众号："半佛仙人""仙人 JUMP"

B 站账号："硬核的半佛仙人"

第一次对谈时间：2019 年

▎半佛的内容创作起源：先做内容，后做风控

刘飞：为什么要起"半佛仙人"这个名字？

半佛：我在读一本诗集的时候读到一首诗叫《半半歌》，里面有一句叫作"心情半佛半神仙"，然后就组合在一起成了这个名字。

刘飞：你之前做的是风控产品和安全产品方向（的事情），是怎么想到创作内容的呢？

半佛：恰恰相反，我首先做的是内容创作，然后才做了风控。

我从小学开始就很喜欢看小说，看得多了就觉得自己也能写。当时我是我们小学的"厕所艺术家"。我会把一些东西写在厕所的墙上，现在我们老家还流传着很多关于我的段子。

后来发现投稿有稿费。当时有一个杂志叫《萌芽》，办了"新概念作文大赛"，我就去参加了，想赚点零花钱。

参加比赛拿了奖，到高中的时候我就开始在猫扑、天涯还有豆瓣用其他的"马甲"写一些东西。我在猫扑写鬼故事，在豆瓣写作是比较利益导向的，为了赚钱。我会编一些很凄美的、很励志的故事，以高价卖出去。此外，我还活跃在贴吧，曾在不同的贴吧里用不同的用户名写一些比较激进的文字。

后来我也当过网络文学枪手，有些网络文学写手没有办法做到日更（即每天更新），就会把工作外包给一些枪手。我也在一些知名的互联网小说里留下过很知名的梗。

▎从内容中找到职业方向：赚到钱，才能做更多事情

刘飞：那这些内容创作的尝试和做风控有什么关系呢？

半佛：纵观我的写作生涯，我写东西一部分是因为自己热爱，一部分就是因为想赚点钱。

我在高中时也出版过小说，但是根本卖不出去，这使我受到了很大的打击。到了选大学专业的时候，我更加清楚地意识到，未来不可能只以写作为生。对于男孩子，社会普遍期望我们承担起养家的责任。

我觉得我需要一份收入还可以的工作来维持生活。我可以通过在业余时间写作来增加一些额外收入。因为当我没有生活的困扰时，我的表达可能会更加自由一点。

我很喜欢的经济学家许小年先生有一个观点叫作"**没有财务自由就没有思想自由**"。说得更直白一点，你银行卡里的数字余额决定了你写作的自由程度。当时我对这句话印象特别深刻，因为从小受到的教育告诉我，拿写出来的字去换钱是可耻的。然而，许小年先生的言论告诉我，你首先要赚钱来养活自己，然后才有资本去写一些比较理想化的东西。

马克思也说过，经济基础决定上层建筑。你总归要先赚到钱，才能做更多的事情。由于我在大学学的是金融专业，后面走得也比较顺，我就进入风控领域了。

刘飞：所以回过来看，你现在能写这种内容，其实之前是有大量积累的。从小学的"厕所文学"，到后来当枪手，这些经历都补充了你的"弹药库"。

半佛：我的最大收获是练就了一套写作的方法论、练就了写作的速度。现在我一个人写两个账号的内容，一个星期可以更新四到五篇原创文章，每篇是3000到5000字。

写的时候，我其实会有一种感觉——我要往哪个方向写、我写什么样的东西能触动自己。我觉得我还是一个比较能共情的人，当我触动自己的时候，我觉得可能我的读者也会有所触动，会产生共鸣。

▌速成的东西必然不靠谱，切勿以结果倒推经验

刘飞：所以你也是一直在迭代，通过反复的迭代、长期的刻意练习，才能写出来这种东西。

现在想找捷径的人很多。许多人对做自媒体的或擅长写作的人提出这样的问题：你怎么写得那么好？如果你能教我三五个方法，我是不是也能写得像你一样好？

半佛：实际上任何速成的东西，必然是不靠谱的。

很多人所谓的成功经验，其实刚好搞反了。很多人在告诉你做什么能成功，但实际上是因为这个人成功了，所以他做的很多事情才被人拿出来说。

刘飞：就像很多一线互联网产品都很好看、很漂亮，操作起来很流畅一样。但得到这个结果的前提是你得先把业务做好，确保你的产品能够真正满足目标用户的本质需求。

半佛：现在，许多人似乎有些本末倒置，过于急功近利。其实，希望找捷径，反而为一些人创造了机会，所以现在市场上出现了许多"几天成为×××"的课程。这种课程有趣的地方在于，它的逻辑是，如果你学了之后没用，就是你没学到位，如果有用，就是课程的功劳，怎么着它都是对的。还有一点是，它抓住了人通常不会反驳的心理。名人或者被"蹭（流量）"的人，在大多数情况下，只要你没有讲什么犯法的事情，他们都不会反驳你，也犯不着。举个例子，假如我说"半佛仙人老师是马云老师认为的最有前途的年轻人"，马云不会跳出来说"我没有说过（这件事）"。如果他跳出来说了，我还可以再"蹭"个热点："半佛仙人老师是一个连马云都觉得有争议的男人。"

所以，首先他大概率不会反驳，其次，如果他反驳了，对你可能也只有好处没有坏处。

既然有套利空间，有些人就会去做这样一些事情。而我们作为局外人，可能第一反应就会把他们联系在一起，但实际上可能真的不是这么回事。

▌展示信息不对称，信不信在于你

刘飞：所以刚才聊到的这些课程，都是在利用事情表面和背后的差异，利用这种信息差来获利。

半佛：因为人们的第一反应都是看到自己想看到的东西。

我做金融风控时其实见过很多人，他们是因为一些方面的认知有问题或不足而被欺骗的，我希望减少这种事情的发生。所以我做的内容就在努力展示信息不对称，能救一个是一个。

我们需要承认一点，就是每个人的三观和他对于事物的认知、他的判断力，肯定是不一样的。这不是我们能解决的问题。我们只能把我们认为正确的事情表达出来。

如果有人来骂我了，恰恰说明他被触动了。作为一个写作者，我写的东西触发了别人的正面情绪或者负面情绪都是很正常的。我有我写的自由，他有他骂的自由。

大家都局限于一个信息茧房，看到一样的东西，而一样的东西看多了，长此以往就没有多样性了。我希望能够写一些不一样的东西，让大家看到不一样的世界，当然这个世界不一定总是美好的。

刘飞：这让我想起老友记的那句经典台词——"Welcome to the real world! It sucks. You're gonna love it."（欢迎来到现实世界！它很糟糕，你会喜欢它的。）

▍做好期望值管理

刘飞：我身边的很多朋友，早期写的东西都是干货满满，后来他们实在是太累了，可刚开始放一点广告，就被好多人骂。你怎么看这种现象？

半佛：我觉得这是一个**期望值管理**的问题。当你关注我的（微信）公众号时，它的推送语就很明确地告诉你，我"期望有一天靠写作赚钱来养活自己"。

包括我的公众号下面有一栏叫"关于我"，点开就很明确地告诉你我是谁，我写公众号就是为了赚钱。我把这些讲得明明白白的，没有欺骗你。如果你真的觉得不能接受，那你看到这个东西就已经取（消）关（注）了。这其实也是做了一个筛选，还会留下来的朋友，其实就已经认可了这一点。

有一些读者，他们会留言说"仙人你变了，你接广告了"，他们还会说"取关了"，我一般就默默回一个"江湖再见"。因为如果我的内容做得好，最终他们还是会回来。他们第二次回来之后，其实就变成了很认可我的关注者。

而且，我发布每一篇文章后都会给大家发大红包。说白了，我接了广告，是我贩卖了大家的注意力，我也全靠大家的关注才能够接到广告，所以我应该（把收入）和大家分享。当我这么真诚地出现在你面前时，不管你喜不喜欢我，你都没有办法认为我是虚伪的，所以我觉得这样对大家坦诚就很好。

第二次对谈时间：2020 年

▌从风控博主到 UP 主的转变

刘飞：今天和上次跟你聊相比已经是大变样了，你在这段时间内觉得自己的状态发生了什么变化？

半佛：在我看来这段时间更累。首先，做视频的复杂度和码字比起来，明显做视频更加辛苦一些。

▌半佛分析自己火爆的原因

刘飞：你在 B 站火了以后，涌现出了一些"半佛分析家"，他们会从你的各方面来对你进行分析，我想知道，你从自己的视角来看，他们提到的这些点是不是你做视频能火的原因。

第一点：好笑，这是一个核心点。

第二点：选题，偏向大众，适合 B 站的粉丝群体。

第三点：对 GIF 图的使用。

第四点：勤奋，在节假日期间，别的自媒体都放假了，你还会更新很多内容。

对于这些分析你怎么看？

半佛：朋友们分析我和我自己分析我会有很大区别，因为他们是从外部看我，而我是从内部向外看，所以存在信息不对称。我认为他们分析得很好，因为对他们而言我是一个黑盒，能分析到这个程度，我认为已经很好了。

在我看来，他们讲的基本上都是对的，但我对这些东西的理解可能不同。例如，过年时大家都不更新，很多人认为，因为只有你更新，所以观众只能看你。但我从内部看，我是通过频繁地更新作品来获得算法的更多推荐和更多的流量的。可能表面上看起来都是频繁更新，但从我的角度看，是我去获得更多的平台流量，从外面看，是我占据了更多的用户心智，其实是一回事，但是看的角度会不一样。

另外有一点目前没有很多人分析——我的视频中的部分内容，其实早期我就在公众号上写过。它们其实是公众号文章改写的台本。这背后有两点：第一，它的成本没有那么高；第二，这部分内容是经过验证的。

奶茶、瑞幸那几期节目当年在公众号文章中曾经也是上过热搜的，有百万级别的阅读量。所以，在视频做出来之前，我就知道这些内容大概率是观众喜欢的，我要做的无非就是把文章台本化。所以过去一年多，我的公众号积累了这么多原创的文章，哪一些更吸引眼球，其实是经过市场验证的。

很多人觉得我（和团队）做视频是"从天而降"，突然冒出来的。我觉得不是这样，是因为有很多的积淀可以用得上。但同时我们也面临着内容可持续的挑战，因为"吃老本"是一定会吃光的。

▍在公司上班和自媒体创业的区别

刘飞：关于从公司里跳出来、全职做自媒体这件事，你是怎么看的？

半佛：我一直以来给自己的定位是一个业余作家。我靠正常的主业——上班——养活自己，再用业余的时间来写文章，哪一天文章有人看了、我能养活自己了就转全职，转不了就一直上班。

反正我得先解决赚钱的问题。所以，我能做成，一方面是机遇，另一方面是写了 17 年的积累。

刘飞：那你觉得创业和当时在公司里做"螺丝钉"的状态有什么不同？现在会更自由吗？

半佛：我会觉得差不多，因为在公司里老板给你的任务你是很熟悉的，你可以控制项目进度，公司还是会给你兜底的；现在全职出来之后，最大的问题就是你没有任何可以逃避、可以"甩锅"的对象，要承担所有责任。既要让团队满意，又要让观众满意，还要做到让甲方满意，其实压力更大了。

▌半佛的个人工作状态

刘飞：我们再聊一下你个人的工作状态。你自己平时的工作状态是什么样的？

半佛：我大概固定睡四小时，中间再碎片化地补两次一个半小时的觉，累计是七小时。剩下一半的时间在写，另一半的时间在读。因为你要做输出，必须有大量的输入，包括今天世界上发生了什么，互联网行业发生了什么、出现了哪些有意思的动态。你在读的时候可能就要把它加到素材集或者内容策划的"to do list"（待办清单）里面。

在做的过程中，数据会激励我。当我看着一期比一期进步、影响力在扩张、粉丝数在增加时，我会去试着寻找我所谓的"天花板"、我的极限在哪里。

刘飞：你自己的写作效率现在有多高？每周平均要更新多少

文字?

半佛: 有灵感的时候写一篇 3000 字左右的中短篇文章, 大概要一个半小时, 没灵感的时候要三小时。两个公众号每周加起来大概要更新七到八篇文章, 每一篇可能有五六千字。视频大概每周更新两个, 视频的文案也大概是这个长度。

▎与甲方的关系

刘飞: 你现在的工作状态与之前打工或创业相比, 核心区别是什么?

半佛: 之前创业也累, 最麻烦的是要谈商务。现在因为稍微有一些影响力了, 甲方主动找过来的有很多。但是, 以前创业的时候, 业内没有人知道你是谁, 你要一家一家地去上门拜访, 想办法找朋友牵线搭桥, 去拜访对方的关键人物。和那个时候比起来, 肯定更喜欢现在的状态。

现在我可以影响甲方。甲方肯定也是希望效果最好的。什么叫效果最好? 一定是内容最好。我会告诉他内容怎么样做才能效果最好, 因为他不可能比我更了解我的用户, 他也不可能比我更懂传播, 这是很显而易见的事情。而且我和甲方的诉求是统一的, 我们希望做出一个很好的效果, 这个时候我不可能去砸我的招牌, 不然我还怎么去和下一个甲方合作?

所以, 其实当我们对甲方讲明白这个道理的时候, 他也会认可, 因为他也想花了钱能产生更好的效果。

和打工的区别主要就是现在更刺激。因为以前我上班的时候, 其实获得反馈没有那么快。可能要等两三年, 老板发现我做得不错, 才会给我一些反馈。现在就很刺激，一篇稿子发出去、一个视频发出去，立刻就能获得反馈。

另外，从经济上而言，现在的杠杆更大，上限和下限都更加极端。当然，我肯定是喜欢杠杆大的——趁着现在年轻。退一步讲，凭我现在做的东西，过几年去找个"大厂"工作，难道找不到吗？

▌用文字创作能力对抗"内卷"

刘飞：现在你可以发现大家普遍存在一些焦虑，但是焦虑的原因也很好解释：环境变差了。环境变差的原因也很好解释，就是新的要素减少了，尤其是在互联网方向上。大家都很焦虑，开始"内卷"了，你是怎么看待这件事情的？

半佛：面对这样的环境，抱怨很正常，它的意义类似于让自己出口气，但千万不要觉得抱怨是解决问题的方法。抱怨是让你开心一下，对吧？你要是觉得抱怨可以开心一下，第二天还能元气满满，那你随便抱怨都没有问题，但千万不要认为抱怨可以解决问题。

让我来说的话，我更倾向于给自己开辟更多的收入途径。比如我一直建议大家写知乎回答，你就冲着热榜写。你靠知乎现在的流量还能发展起来，之后你每个月靠接广告就可以赚几千、几万元。如果你在知乎做得足够好，学会"花式引流"，再弄个公众号，这就是我自己走通过的路线。

我认为我确实没有特别高的天赋，我那个时候坚持写知乎回答四年，写了1000篇，平均一天一篇，硬生生地写出来了，而很多人写了几篇觉得没有反馈就不写了，所以这其实是一个坚持的问题，而不是天赋的问题。

所以我觉得要保持现有的工作，然后不停地去写。在这个时代，你有文字创作能力，确实是一个比较罕见的技能。一是你进行文字创作的成本低，二是文字带来的最终收益大。

▍内容平台的空间还有多少

刘飞：你觉得内容平台，不管是 B 站还是公众号等，还会有很大的空间吗？比如 B 站开了知识区等新的分区，它会不会引来新的增量？会不会有更多人来看视频？

半佛：首先，知识区应该是去年 B 站流量增长最快的分区，没有之一，甚至现在已经成为流量的主流了。其次，B 站总体的盘子在扩大，只不过由于 B 站的垂类运营策略，在分区内显得不那么明显。

另外我觉得内容的发展远远没有到结束的地步，甚至现在做内容的收入还是很夸张，比如在抖音上拍小情景剧、小悬疑剧的编导，一个月赚到五六万的人有的是。这样的人才虽然身价不菲，但是特别稀缺。我也在招这样的人，但也没有招到几个满意的。

刘飞：所以其实内容载体、内容平台在发生变化，它们替代了电台、电视这类传统媒体，大家的注意力已经在这上面了，但是创作者远远没有达到饱和的状态。

半佛：对，大家说的饱和是什么？无非是简单粗暴地变现。如今内容行业的门槛也在提高，你要能做出来，一定要和别人越来越不一样，未来也会有更多专业化的人才进入这个领域、有更多专业化的团队运作。所以我觉得其实内容行业才刚刚开始。

▍不同视频平台的区别

刘飞：抖音、快手这类短视频平台和 B 站这类长视频平台之间

会有很强的替代关系吗?

半佛: 不会。当我在刷短视频平台的时候,我很清楚我就是为了娱乐,但逛 B 站,我能看到一些不一样的东西,能体会到社区带来的赋能。我根本不认为它们是竞争关系,它们也不是互为替代的关系,它们满足了一个人的多面需求。

刘飞: 那你怎么看西瓜视频?

半佛: 截止到目前,我不认为它对 B 站构成了实质性的威胁。虽然它不缺流量,也不缺钱,但它要解决的是土壤的问题。而 B 站之前花了十几年才培养出了这样的土壤。

我之前其实写过一篇关于字节跳动的文章,我认为它是非常厉害的一家公司,但是它的基因是有着"消磨时间"的方向的,类似于用短时间的流量让用户在平台上获取短时间的快乐。为什么一定要短?因为它衡量一个用户喜不喜欢某个内容的标准,一是用户有没有完播,二是用户点不点赞,三是用户对于同类推荐的反馈。这样看的话,一个视频越短,收集的数据越多,迭代速度也就越快。而如果是一个 15 分钟的长视频,用户在中途就关掉了,一定说明他不喜欢看吗? 不一定。所以其实这就是一个数据获取的问题,而不是哪家公司更好、哪家公司更不好的问题。

在这个"战场",目前 B 站是最先起跑的。B 站能笑到最后吗?不知道,但是现在看来它跑得最快,它的基本盘也最稳。但字节跳动是一家擅长"创造奇迹"的公司,谁也不知道哪一天它突然做了什么东西,就做起来了。

▍为什么 B 站适合创作者

刘飞：你觉得 B 站是一个比较好的尝试创作的平台吗？

半佛：显然是的。

作为一个典型的内容驱动的创作者，我特别需要反馈，而 B 站（能提供）的反馈是最强的，不论是弹幕、评论，还是互动活跃度。如果没有足够多的反馈，我就得不到用户对内容的客观评价，也就没有办法进行迭代。

作为一个内容创作者，我希望我的内容一定要能被我的关注者看到，他们要能收到相关推送和推荐。目前看来，能做到的只有公众号和 B 站。那么，在这两个平台上，我只需要专注于自己的内容。但在其他平台上，可能还需要做一些推广，而内容不是决定性因素。而且，我的粉丝和关注者未必能看到我的内容，这样我相当于是没有积累的，我的一切都是在给平台打工，在为平台的内容创造一份价值，没有办法得到回报。坦率来讲，甲方是不会因为这样的东西来对你投资的。

▍是否推荐年轻人做自媒体

刘飞：现在的小朋友、年轻人，他们刚大学毕业，如果他们觉得做 UP 主还挺好的，自己也挺感兴趣，你会推荐他们去做吗？

半佛：推荐分两种情况——全职和兼职。

如果是兼职，我觉得一定要做。因为这个时代的互联网技术造福了每一个人，让我们每个人都有机会。你一定要做，哪怕做不好也一定要做，多一门手艺、多个"斜杠"。哪怕以后你现在的工作做不好了，还可以去新媒体公司做个运营。

如果是全职，我建议谨慎考虑。除非你能正常养活自己，因为当你有钱、有收入时，你会更有底气做出艺术作品、更追求品质。如果你没有钱，你在冷启动阶段就只能做出低质量作品。所以我建议先解决经济问题。还有一个重要的点——工作能让你和社会不脱节。和社会不脱节的时候，你的创作才更有生命力、更能契合社会。

简单来说，兼职是强烈建议的，而对于全职，除非你兼职的收入能达到主业的至少三倍，你才可以考虑一下全职。说三倍是因为在现在的环境中，你找到一份新工作大概需要三个月时间，所以你工作一个月的收入起码要能够支撑自己三个月的生活开销，能够撑到你再找到一份工作。

02　创作者对谈之二：
姜 Dora

姜 Dora

B 站账号："姜 Dora 在此"

对谈时间：2023 年

一、个人经历

▌从互联网"大厂"打工人，到百万粉丝职场博主

姜 Dora：我 28 岁，是一个"95 后"，一个工作了六七年的互联网人，之前在互联网教育行业工作。

两年前我在字节跳动工作，觉得工作量有点不饱和，就想着在

周六日能不能做点什么，然后就开始做 B 站视频。当时运气比较好，两个月就收获了 10 万粉丝，然后我发现一个商单的收入已经和一个月的工资差不多了，那我为什么还要在公司打工呢？于是我在思考很久后就决定出来自己做事情。本来打算休息一年来做这个账号，但是出来之后发现自己的运气也还在延续，在一年多之后收获了 100 万粉丝。

截至目前，我一共做了两年，有一个全网约有 150 万粉丝的职场账号，我的口号是"为 –1 到 5 岁的职场人提供精神力量和解决方案"，目前我在做一个专栏，叫"姜 Dora 的 100 场职业访谈"。我的频道一开始的节目形式是我单人的口播，我在做了职业访谈之后发现这种对谈的形式很受人欢迎，就一直做到了现在。

▌个人 IP 从副业转为全职的心路历程

刘飞：你的经历还是比较非典型的，你不是直接从一个做内容的岗位上跳出来，开始全职做自媒体，而是先从副业开始做起。现在也有很多人想从副业开始做起，但是原来没有做内容的经验，甚至根本不是这个行业的。你怎么看？在你从"大厂"出来的过程中，你的心路历程是怎样的？

姜 Dora：我之前在互联网教育行业的工作是课程主编，其实和我现在做的中视频有相似之处。我一开始做视频的创作逻辑和我之前在工作中的逻辑非常像，我几乎是用做课程的逻辑来做内容的，大家也都觉得我的内容信息密度很大、内容传递的效率很高。我当时之所以敢离开"大厂"，有一个重要的原因是自己在做内容后发现，我在公司做的事情和我自己做个人 IP^①、做内容很像，我也有一定的经验，才决定自己出来做。

　　还有一个事情很有趣。我当时是做运营的，有些同事也会刷到我做的内容，但当时大家都觉得这是一个小的兴趣爱好。后来我运气比较好，做了两个月的时候做出了一个爆款，粉丝量跃迁到了 10 万，当时的商务报价已经是 3 万元了，大家就很羡慕。我办好离职手续、在收拾包裹的时候，很多同事围过来讨论，觉得自己是不是也能干（这件事），就开始注册账号了。有些做产品的同事在和我沟通的时候语气里有一种羡慕，又有一种绝望。我对他们说："你也可以注册一个自己的账号呀，也许有一天也可以自己出来，独立完成一个商业闭环。"对方说："不行，我们做产品的人只能为公司工作，难道我要自己再做一个微信吗？"

　　我就发现，其实很多人都很想做个人 IP，都在关注这件事情。

▎因为机缘才能走到今天

　　刘飞：从你自己的视角来看，你当时从公司出来，是因为你自己很早就决定自己迟早要出来，还是突然遇到了很好的机缘？是主动的还是被动的？

　　姜 Dora：我觉得被动的因素更多。就我个人而言，我之前从来不会有任何出来创业的想法，原本在职场中，我的设定是一个没有野心的好同事，看到周围的朋友出来创业也会觉得他们好厉害、好勇

---

① "个人 IP"是网络流行语，指独特的个人形象或风格，可以是个人品牌、个人形象、个人作品等。——编者注

敢。我的工作是内容运营，而这个角色做的是一种偏辅助性的工作，很多时候是产品和用户之间的沟通媒介。我觉得做运营的人也或多或少有点"辅助型人格"。最开始我对账号也没有太多规划和预期，连"姜Dora"这个网名都是拍脑门起的，我其实姓张，因为比较喜欢姜文就用了"姜"。如果当时想得更清楚一点，（网名）可能会取得和自己的本名更接近一些。包括做职场类的选题，也是因为一些机缘，觉得自己恰好可以做这件事。

所以，回顾下来会发现有很多幸运的成分。之前并没有特别清晰的规划，后来因为运气比较好、获得的正反馈比较多，才开始主动想，要不要跳出来做些事情。

▌所谓的 IP 都是对过去积累的变现

刘飞：身边有很多朋友会对我说，他们也想做个副业，就特别想像你我这样做内容。但是其实从我们之前的讨论来看，我们每个人的路径都不一样，既有运气成分又和过去的经验有关，所以很难模仿。你是否同意这个观点？

姜Dora：我当然同意。我曾经在播客中也提到过类似的观点。一个IP能成功肯定是需要运气的，一定是老天爷偏爱你，才能让它长成一种势能。在我刚离开"大厂"的时候，我对于品牌和内容的定位其实不是很清晰，所以做过很多杂七杂八的事情，甚至尝试过IP孵化，因为我觉得我一个俗人能自己做起来，是不是也能帮别人做起来，后来发现真的不行。这时候我就意识到：我的确是被老天爷偏爱的，在这一点上就比很多人幸运了。

另外，我有一个很重要的结论：所谓的IP都是对过去积累的变现。比如你过去做产品经理，一定是因为你在产品领域有一定的自己的理解，你的心智也成熟到了一定阶段，才能在讲产品的时候说出和别人不一样的东西。包括我自己从一个普通二本大学慢慢走到"大厂"，再自己出来做事情，在这五六年里面经历了很多痛苦和内耗，积淀了很多思考和经验，才能把职场内容讲好。

我觉得运气和积累二者缺一不可。如果只有运气没有积累，就可能像一些昙花一现的"网红"，会爆火一段时间，但是很难持续。而有些人只有积累没有运气，比如我在做职业访谈的过程中，发现有些人的内容其实很好，但是可能因为本职工作占据了很多时间，以至于他们没有机会为自己做一个外露的展示。其实这也是一种运气。

刘飞：我同意。我也觉得我自己所有的内容账号（能有如今的成绩）都是运气成分居多。我最早是在知乎上有了一些关注者，但当时是因为知乎上还没有人写产品经理相关内容，而不是因为我写的东西有多好。现如今比我写得好的人再加入进来，可能已经很难有位置了。包括做播客也是，同样质量的内容，从今天开始做和从三年前开始做结局也会不一样。但你也不能全靠运气，有些人 2018 年、2019年开始做播客，但是没有坚持下来，现在就被别的品质更好的内容挤下去了，也会很难做成。

▌承认随机性，不要过多依赖规划性

姜 Dora：从另外一个角度理解运气这件事，我的内心就释怀了很多。当我意识到自己所获得的流量和影响力有很大运气成分的时候，我的内耗就变少了。比如有一段时间我的流量有所下滑，我之前可能会觉得是自己不够好，但后来才意识到，可能是最近缺少一些运气和机缘。如果你承认这之中存在很多随机性，你就会更平和一些。老天爷为你下了一场雨，但这场雨是会停的，也不是为你一个人下的。

所以我想给所有互联网人一个建议：你要承认随机性，不要过多依赖规划性。在面对随机性的时候，人们会存在两种脑回路：一种人的反应是，既然这件事是随机的，可能努力了也没有结果，他们就会陷入沮丧；但另一种人会觉得，如果一件事有随机性，那么有时候不必想得特别清晰就可以下场试一试了。其实在公司里，我并不是思考最深的（人），并不是最优秀的运营，也不是做内容最厉害的（员工），但是在做内容这件事上，我并没有让自己想得这么清楚，就先开始做了。我也做过 IP 课，也认识很多人，他们在说自己要开始做自媒体的时候，满脑子都是各种模型、定位，考虑到了核心用户、边缘用户，甚至把商业化想得特别清晰，预估会达到什么样……但其实这些都没有那么重要。很多人执着于在开始做之前先在脑海里想象出一个完美的解决方案，但其实他们的计划没有那么重要，他们已经预设了这件事不是以随机性为主导的。就像公域上有些特别鲜活的 IP，可能就是一个农村人，或者一个打工人，他们并不会先对这件事有了严丝合缝的规划再开始，而是直接输出就完事了。至于老天爷到底会不会眷顾你，输出一下试试就知道了。我觉得这是理性人给自己带来的陷阱，所以要承认随机性的存在。

刘飞：我刚才想到，前几天和"知行小酒馆"的主播雨白聊到，看到有人买彩票中了 500 万元，很多互联网人就喜欢建模型，试图从中提取出完整的方法论。虽然你不能说他们提取出的东西完全不对，但没有人能再中这个彩票了。

▌做个人 IP 和上班的状态差异

刘飞： 你觉得自己现在的状态和之前上班的时候相比，主要的区别在哪？

姜 Dora： 我在不同阶段的感受还不太一样。我本来只打算休息一年，然后过了一年我感觉还挺好的，就再续了一年。目前我感受最明显的是，我从一个局部业务的负责人变成了一个全局的负责人。我不喜欢把自己定位成一个创业者，因为我觉得创业者很酷，但我必须承认的是，我真的是一个在创业的人。我最开始以为自己做账号，只要一周发一个视频就行了，但我现在真的像创业者一样，在不停地思考各种各样的事情。

我的起点可能是一个做内容的人，但现在我需要越来越关心商业模式，关心未来的出路在哪里，关心如何提高整个业务的效率，这就导致我在做一些在两年前的我看来很奇怪的事情。因为我意识到自己其实是一个在和这个世界发生商业交易互动的人，而内容只是我的工具。到后期甚至会发现内容这个杠杆有可能还不是最重要的，因为你会发现有些人内容做得一般，却找到了一种好的内容模型或商业模型，他们在做事的时候就很轻松，或者做法比你更漂亮。这就是我最大的转变——从一个内容人变成一个商业人。

我觉得做内容的人很多时候有点后知后觉，因为我们会待在自己的精神世界里比较久，会比较留恋、眷恋曾经把你带到这儿的东西，但其实这种初心是不可以忘记的。对我个人来说，一味地思考商业问题容易让我陷入一种迷失，即使我一年能挣很多钱，它也不能让我产生特别强烈的激情。所以我现在也在一种两难的平衡中，一边要像一个理性人一样不停往前走，一边又会感到动力匮乏，需要回头来看看当时的初心。

▌跳出旧世界的框架，拥抱新世界的游戏规则

姜 Dora：还有一个变化是所谓的新世界和旧世界的隐喻。我从字节跳动出来的时候，给自己写了一个年度 OKR，这是一种虽然肉体离开了"大厂"，但灵魂还在中关村的状态。当时我开始无目的地拜访一些周围的人，认识了一个很成功的前辈，有一次在和他聊天的时候，我处在一种"激情输出"的状态，跟他分析我想要做这个、做那个，O1 是什么、O2 什么……脑子里的思维是很系统性的，对结果的掌控意图比较强。他听完后淡淡地笑了一下，说"你这个状态和我年轻的时候挺像的"。我就嘿嘿一笑，觉得和财富自由的人相像挺好的。然后他补了一句："你现在还在旧世界，从公司出来的自由人其实在新世界。你离开了旧世界，但还在试图用旧世界的规则和玩法来指导自己怎么活。你从旧世界到新世界起码还要花一年的时间。"

现在过去了两年，我觉得他说的很对。我来举些例子。在公司里和现在自己出来工作，人际关系的规则、挣钱的规则、打理自己的规则等都发生了很大的变化。比如在社交这件事上，在公司的时候我可能比较擅长"向上管理"，会有一些"向上社交"，想要认识一些所谓的前辈，那么我只要表现得很有礼貌、利他性比较强就可以了。但当你获得了很多影响力之后，你会发现在这种社交中，别人对你的期待会不一样，不一定会觉得你是一个小晚辈，想来指点一下你，而是可能会考虑你有什么资源，有没有可能一起合作。甚至有些人会通过各

种门路找到你，想问问能不能用你的资源，但其实他们也不清楚能和你交换什么，甚至（有些人）是没有礼貌的。所以我会花大量的精力来做人的筛选。如果我现在还是像以前一样，对每份社交都高度投入，我可能就会经常浪费自己的时间，或者说被别人利用了，耽误了自己的业务。甚至在身体健康上，也会发现有所不同。比如之前在公司朝九晚五，其实让你有了一个固定的节律。而现在一个人工作之后，会经常不知道自己在干什么。

所以，新世界的玩法是不一样的，我们可能在旧世界里"杀"出了一条"血路"，掌握了某些所谓的规则，然后从旧世界"毕业"了，但在面对新世界时我们其实是个新生儿，过去的一些经验对我们来说已经过时了，我们需要不停地做出判断和选择。在这个新世界里，我们很容易迷茫，因为这里没有固定的路径。在旧世界的职场中，我们要做什么事是很清晰的。我在焦虑时就会打开招聘软件，当我月薪 1 万元的时候，我就去看月薪 2 万元的人在干什么。当我月薪 2 万元的时候，我就去搜月薪 3 万元的人在干什么。我可以知道我要做什么。但我出来了之后发现，我的路径太自由了，像一个沙盒游戏，没有明确的目标，哪怕我把目标定成今年赚 100 万元，明年赚 200 万元、300 万元，这样好像路也走得不太对。我很难找到自己的同伴、师长，不知道自己到底在爬哪座山。这是我感受到的状态变化，也是我一直有困惑的点。

刘飞：我特别同意这一点。我们从读书到工作的前几年，在我的理解里，我们都有一种学生思维，因为我们面对的考题是很明确的。比如从产品工作来讲，一个人刚毕业时是产品助理，再到产品经理，接下来是高级产品经理、产品专家、高级产品专家、产品总监，路径是设置好了的。我们可以看到别人是怎么一步步走上去的，我们每天要完成什么任务、每天的日程安排都在日程表里写得明明白白的，只要一题一题地解就可以了，这其实就是学生做作业的思维方式。但是我们出来以后会发现真的自由了，如果还是按照之前的思维来做事，可能就会遇到问题。我们可能还要调整心态，承认自己可能无法得到一个确定性的结果，可能自己出来工作要比在公司里更拼命，但最终得到的结果可能还不如之前。

姜 Dora：我特别赞同。我们已经没有卷子可以做了，也没有阶段性的考试了。我们只能给自己框定一些所谓的排行榜（目标），但这些目标都是相对灵活的。这是从公司出来之后的一个特别大的变化，能适应这种生活状态的人是少部分，因为人是非常需要意义感和确定感的，我觉得这是最难的部分。

刘飞：其实这也是一个自然筛选的过程。就像有些"大厂"的新人培训非常严苛，甚至让人觉得莫名其妙，而有些朋友离开公司后休息了一两个月就已经受不了了，这都是某种自然筛选。

二、内容创作

▌创作是一种自我取悦的方式

刘飞：我们来聊聊具体的内容创作方向。你目前的选题主要是职场方面的，那么你为什么选择做职场（内容）？你怎么确定你的选题？有哪些考虑？

姜 Dora：首先我有一个预设，做账号的人分成两类：一类以自己为目的，另一类以盈利为目的。以盈利为目的的人会考虑做一个账号未来能带来多少收入，很多（公司的）创始人来下场做 IP，在我看来大多属于这种类型。而我自己一开始是以自己为目的做账号的。我最开始从来没有预设自己一定要"火"，因为创作对我来说是一种自我取悦的方式。当时我在字节跳动觉得自己虽然工作强度很大，但是自己真正创造的价值太少了，我想去创造一些对别人更有价值的东西，所以我就开始做内容了。在起步阶段，我只是想服务我自己。一方面我会觉得我真正在做内容，我对自己的定位就是一个内容运营；另一方面，我希望通过输出倒逼输入。

　　当时我有两个方向可以选，一个是职场，一个是情感。其实我在职场上的积累没有在情感上多，因为我自己本身和男朋友就是从高中初恋走到现在，十多年了，我也做过亲密关系的课程，理论和实践兼备，周围的朋友来问我亲密关系问题时也都会收获很多。但后来我不去做情感内容的原因是我已经懒得去研究爱情了，这里面的内容有限，你捋明白了几个关键问题，亲密关系就不会出问题了，所以在这方面即使我能讲很多东西，我也实在没有什么表达欲了。而关于职场内容，当时我工作了五年，职业发展虽然比较顺利，但也没有特别成功，处在一种"半学习"的状态，我就很乐意去研究它，产生了很多思考。于是我就想，如果我在做了两三年后就进入了不温不火的状态，我更不后悔做什么（内容）？肯定不是爱情，因为对我来说我不会产生任何变化，而如果我一直在研究职业发展和个人成长相关的事情，我自己就是第一受益人。

　　所以我建议很多想做内容的人，不用想着自己一定要"火"，可以先想想，有什么领域你是可以花两三年研究，哪怕不挣钱也觉得自己是第一受益人的，在这样的领域中你就特别能持续（做）下去。挣不挣钱或"火"不"火"是难以预测的，而你能把握住的就是你自己。如果你自己有这个需求，整个互联网上就一定有很多和你有一样需求的人。

不过我事后会想，这就是我运气好的地方，我没有选错方向。当我现在以一个成熟一些的创作者的眼光回头看，我发现职场是个很好的类目，因为上网的人要么在上学，要么在上班，它其实把握住了某种主流。

▌确定你服务的人群，再从人群中生长出选题

姜 Dora：说到选题，我的口号是"为 –1 到 5 岁的职场人提供精神力量和解决方案"。我最初想服务的群体是工作 2 到 3 年或者 4 到 5 年的观众，因为我自己就处在这个阶段，但是，当我发布视频之后，我收到了很多大学生、研究生的私信。这个人群其实不是我想要（针对）的，我就开始思考，要不要做偏向他们的内容。当时我和董十一老师聊到了这个问题，问他我应不应该为这些人调整我自己。他问我，是不是觉得我的账号真的不能服务这些人，我说那倒也不是，（他们）来了就来了呗。他说，那你就试试做一些这方面的内容。于是我心想，那就试试吧，（然后）才把人群区间从（工作）2 到 4 年改成了 –1 到 5 年。

一旦瞄准了这个人群，我所有的内容就都是从这个人群中生长出来的。其实 5 岁以内的职场人关心的事情和 10 岁的人是不一样的。他们可能更关心简历、大厂、人际关系、向上管理……我也会讲原生

家庭，有时候也会讲爱情。有人可能会说，你一个职场博主讲这些是不是跑偏了？但其实我服务的是 –1 到 5 岁的职场人，这些内容也是他们关心的事情。作为博主本身，我们可能会希望把账号规划得特别清晰，觉得它的调性应该是什么样的，但用户其实不在乎你是谁，他们也没有那么了解你，你可能只是一个说相声的，或者教他们做简历的。至于那些调性和其他细微的东西，都只是在满足我们创作者自己的个人审美需求。所以，我所有选题都来自观察 –1 到 5 岁的职场人在操心什么、缺乏什么精神力量、需要哪些领域的解决方案，然后我就找人，或者自己来讲明白。

我也不喜欢追热点，首先追热点很累，其次我认为热点只是人们在用 20% 的注意力关注的事情，他们会在短时间内高度关注（这件事），然后就又去操心那些经典的问题，关注那些 80% 的时间都在关注的事情了。

┃ IP 的成长就是不断地找到流量密码

刘飞：从你刚才的表述中我了解到，你的选题中既有计划推演的部分，也有自然生长的部分，对吧？

姜 Dora：肯定是两者都有的。但是选题这个事，我觉得具体在做的时候还是有些要注意的地方。

首先，我觉得每个 IP 的成长必然是不断找到了 1 到 N 个流量密码的。这句话的意思是，你去看任何一个 IP 的成长历程，创作者必然在某个特定阶段找到了特别适合他说的话题，才能帮助他完成第一阶段的"涨粉"。比如我自己最开始的所谓流量密码是二本（大学）和"大厂"，虽然现在我已经不能再用它们了，但我当时第一条视频得到的反馈就非常好。这背后也有一定的机缘因素，当时大家很关注这一套标签，整个市场对"大厂"的关注度也比较高，很多年轻人也不是现在这样的心态。所以这就是我针对我的受众人群在当时那个阶段的特定流量密码。后来我不断地（对话题进行）迁移，聊原生家庭又帮我涨了一波粉（丝），我就像一个羚羊，不停地在岩石之间跳，才能跑得越来越远。

我认识一个女生，是 B 站的百万粉丝学生博主，她在还没有毕业的时候就有了百万粉丝，就是依靠一些爆款的时机窗口。比如当时在寒暑假的时候，大家的学习都在线上进行，她就开始做一些和学习笔记相关的内容，这就是她的第一个流量密码，后来无意间她又发现了 iPad 笔记分享这个流量密码，再到怎么用 iPad 无纸化办公，她不断地找到了新的爆款。其实，流量密码 = 爆款时间窗口 × 爆款话题 × 自身调性。

所以，你要珍惜你在每个阶段找到的流量密码。我曾经有过不珍惜它的情况，当时做了一个爆款（视频）让我多了 10 万个粉丝，获得这个成绩后我很开心，给自己放了个假，放假回来就发现有很多其他创作者在抄袭我的选题和文案，他们也涨了很多粉（丝），在这个话题下做了更多的爆款。这时候如果我再做这个话题，就搞得像我在抄他们一样。如果我当时没有浪费这个流量密码，在这个话题上做相关延伸，我可能就能让 10 万粉丝变成 50 万粉丝。

所以，我们在成长过程中，必然是踩着一个又一个流量密码，在找到了一个效果特别好的选题后对着它"死磕"，把自己针对这个选题能做的内容都做一遍，然后再去摸索新的流量密码。

▌流量密码不是追热点，而是一种内容资产组合

刘飞：当你说到流量密码的时候，我觉得可能有些朋友会认为是追热点，或者认为最近什么可能会火就写什么，其实它们不太一样。在我的理解里，追热点是很难的，我们也不能确保自己掌握和熟悉的话题能成为热点。所谓的流量密码其实是，你努力做 20 个选题，突然有一个正好与当时的大众情绪和他们关心的话题比较契合，你就抓住它，不断把它放大。

姜 Dora：我还想补充一点，我认为流量密码更像一种内容资产或内容模型的组合。我不炒股，对投资的了解也很少，但是我知道投资里会有一些固定的资产组合，在它们之中有一些会亏，有一些会盈，但是总体上你获得的收益是很大的。你的流量密码也是如此，它是需要搭配特定的时间段、特定的个人 IP 风格、特定的话题、特定的表现形式，才能最终组合出来的。

我曾经也会去参考别人的爆款选题，但是我发现，对于我的 IP 形象，公众已经有了预期，我讲这些东西可能就和我的形象不符合。甚至是同一个人聊同一个话题，但是在不同的场景里聊，效果也有可能会不一样。所以，一个 IP 越来越成熟，就是要找到自己的特定内容资产组合，而选题只是其中的一环。

▌我不是在做职场内容，我是在服务人群

刘飞：还有一个问题是，你在做职场相关话题，那你会不会觉得自己慢慢离那个真正的职场越来越远了？有没有这种感受？

姜 Dora：这个问题很具体，我自己也确实遇到过，但是我现在想通了。对我来说，我觉得要打开对职场这个类目的想象力，也要打

开对自我的想象力。打开对职场类目的想象力，有两种思路。

第一种思路就像我前面说的，我不是在做职场内容，我是在服务这个人群，我就会发现我不仅可以聊简历、聊"大厂"，还可以把话题延伸出去，最终这些人还是会固定在我的频道上，我依然在满足他们的需求。最终我不是要成为职场这个类目的老大，而是要成为这个人群里的老大。或者说，是在这个人群里有影响力，而不是在职场里有影响力。

比如，如果今天是我来做你的账号，我可能也会去考虑我到底在服务哪个人群、我的话题能不能从产品延伸出去，聊聊这个人群在这些阶段比较关心的事情。他们不会觉得"你今天不聊产品了，我就不关注你了"，他们只会觉得"你对我的了解更深入了"。所以，只要人群在，你的创作生命力就还在。

▌重新定义职场内容，核心在于人的成长

姜 Dora：第二种思路是我重新定义了什么叫"职场内容"。其实不管做什么领域，内容的核心最终还是人。聊职场的、聊产品的，甚至是聊美妆的、聊车的，本质都在聊人，或者说在聊这些外在的事物和人之间的关系。比如，一个美妆博主不会只对你说一支眉笔性价比很高，她可能会说自己在柜台被柜姐翻了个白眼，当时自己就觉得以后一定要有钱买得起这支眉笔；一个汽车博主不会只对你说这辆车的参数，他可能会说到这辆车是自己人生中的第一辆车，激起了自己的少年梦想。同样地，我表面上聊的是职场，其实我发现自己是在聊人的成长。当一个人在职场中想往上走的时候，他需要解决哪些问题、遇到哪些维度的障碍，这是我（和嘉宾）们最终在聊的东西。

很多博主最后都转型成了生活博主，我认为这是一个必然的结果。早年间我们可能是从某个具体类目切入进来，最后还是会慢慢泛化，因为生活是最贴近人的。而职场内容，其实就是一个人成长所需要的一部分东西。我的节目最后永远有一句话："愿你早日成为自己喜欢的大人。"我觉得我的所有内容都是一种丰富的、松散的"大人课"，都是在我们成为一个成年人之后需要解决的问题，所以即使我不讲纯粹的职场内容，用户也不会觉得违和。

▌打开对自己的想象力，不断重新定义自己的角色

姜 Dora： 除了打开对职场的想象力，还要打开对自己的想象力。我并不觉得一个职场博主就一定要在公司里工作。像我现在创业，也会对接甲方，也有要协同的同事、要管理的下属，也要梳理所谓的业务和战略。我的频道就是我的工作。就像你虽然现在没有在"大厂"做产品经理，但你的频道就是你的产品。你其实还是在不断地优化、迭代各种细节，只是这个产品的形式和旧世界的产品不一样了。

对我而言，我觉得自己不是一个典型的职场人，但我觉得我其实是一个"野生"的"职场学者"。我会研究很多在企业里全职工作的人面临的问题，包括大家为什么会有"35岁危机"、为什么年轻人都这么焦虑。我会四处去收集信息，像一个学者一样。从这之中就拓展出了职业访谈这类内容，我虽然没有身在传统意义上的职场中，但我一直在研究职场相关的内容，不断重新定义我的角色。

刘飞： 其实把你的答案中的关键词替换掉，就是我自己的一些思考历程和做事情的方式。往大了说叫"把自己作为产品"，我们做事情的很多逻辑和做产品相似，比如考虑满足他人的哪些需求、为他人创造何种价值、在社会里扮演什么角色、如何迭代自己以完成任务等，这些都是做产品的一些思路。

▌先明白自身需求，再把创作设计成服务自我的工具

刘飞：除了刚才说的这些，如果有个朋友今天说自己特别想做内容，你会给他什么建议？

姜 Dora：我觉得对于想做内容的人，第一件事永远是建议他先明白自己的需求到底是什么。很多人曾经跟我说他们想做内容，但我发现他们的需求其实可以通过内容之外的其他渠道来满足。做内容只是我们满足自己需求的一种手段，而且它不一定是最优选择。比如有的朋友想多赚点钱，但是做内容挣不挣钱是很看运气的。他们可能花了很多功夫，熬夜熬到头发都快掉光了，剪了一堆视频，结果发布出来之后什么转化都没有，这就会让他们产生巨大的精神内耗。你如果只是为了多挣钱，为什么不在公司里好好做项目、升职加薪呢？可能这比你把做内容当副业挣得更多。如果你觉得现在的工作很压抑，想要让自己身上有一些独特的标签、想培养兴趣爱好，你也可以学个吉他、学个摄影，这些爱好的确定性是更高的。所以你要了解自己此刻最重要的需求是什么。

当你明确了自身的需求之后，如果你发现做内容仍然是一条最短的路径，你就可以把做内容或者创作这件事变成服务自我的工具。我当时的一个需求是觉得自己在公司里创造的价值比较少，而我们做内容运营的人是靠内容能力吃饭的，所以我就想着自己做一点内容。另一个需求是输出倒逼输入，我觉得我做职场内容哪怕不火，自己花三年时间研究职场也会让我的职业发展更顺利。

所以，最重要的是明确自己的需求，不要被做内容给"框住"。这和做产品很像，你的第一个用户是你自己，你在为你自己做一款产品。

▌先认真做 30 个作品，你才算是真正在做内容

姜 Dora：如果你真的想正儿八经好好做内容，我觉得你要给自己设立一个笨拙的门槛——至少先做 30 个作品。如果你不认真做 30 个作品，你就不算在做内容这件事情。你不需要在前期进行特别复杂的规划，在你做到了之后，你才能找到自己的风格，这个过程就是你和内容市场、和公域不断磨合的过程。

很多互联网人在刚刚开始做账号的阶段，在起步（阶段）的前 20% 做得特别差。因为他们想做出一个特别大的账号、把各种事情想得特别清楚，而他们的行动力很差，以为自己能控制（用户）、能对用户的决定造成影响，但其实用户根本不在乎。但是，一旦越过了从 0 到 20% 的起步阶段，在从 20% 到 80% 这个阶段，互联网人的理解力往往超过很多其他行业的人，在这个阶段才需要运用所谓的系统性思维、互联网思维、产品思维、运营思维。其他人通常不具备这些思维，他们不知道怎么为选题做规划、怎么调整用户画像。所以，强制（要求）自己先做 30 个作品，能帮你比较务实地渡过前 20% 的起步阶段。

▌先工业化地模仿，再精品化地定制

姜 Dora：还有一个建议是创作要分阶段——先工业化地模仿，再精品化地定制。

在刚开始创作的时候，很多人会在作品中融入个人的独特审美，

觉得自己的作品很特别、内容很有料，讲的东西和别人不一样，但令他们困惑的是，作品发出去怎么没人关注？当你从纯个人主义的视角出发的时候，你会发现你的内容放在公域里特别吃亏，因为它的"卖相"不好，在别人看来这甚至不是一个作品。你首先要做的事是进行工业化的模仿，找到一些你想成为的对象，研究他们是怎么做的、他们聊什么话题、用什么风格聊，然后思考你能不能用自己的方式再做一遍。你得先有样学样，模仿多了你就会慢慢理解在公域发作品和自己发朋友圈的区别。在这之后，你再逐渐融入更多的个人意志，这样才更合适。

三、个人品牌和资产

▌运气决定能否成功，但一定存在让运气更好的方法

刘飞：我们在内容方面继续延伸下去聊一聊。其实刚才也提到过，在你自己做个人品牌或者做内容这件事上，它究竟更多地依赖于努力还是运气？更多是规划出来的还是自然发展出来的？

姜 Dora：我觉得在账号的前 20% 阶段是运气为主的，之后可能与规划和运气都有关。在你的账号成长起来之后，它的稳定运行发展是需要有规划的。比如，我会在我的频道上做很多增强和削减：最开始我想把职业访谈做成播客，但是播客剪得这么长了就干脆做成视频吧。在我发现这样做效果很好后，我就持续地做，不断增强它，以至于现在我单人的口播内容在我的频道上已经非常少了。在做访谈的过程中我会发现，自己好像在和女性对谈的时候比和男性对谈时更能产生共振，能聊出更多，所以我就更多地和女性做访谈。再比如，有一

段时间我想拓展我的商业合作——我觉得商业合作不够，想尝试一些消费品方面的合作，为此我会有意识地调整我的内容，比如和护肤品博主一起对谈，这样我就能接到一些护肤品类的商务（合作）。所以，规划的作用是，你在发现做哪些内容能获得正反馈之后，你就要有意识地多尝试。同时，你觉得在商业化方面要采取哪些行动，你就要去积极地行动。

我前段时间看到一段很喜欢的话，我在这里复述一下：我们当然会在创作和成功中意识到运气是占大头的，但一定有一些方式可以让你的运气变得更好，可以将你自己曝光在密度更高的运气里。比如，当你做一件事成功了以后，你认真地复盘找规律，你的好运就会增加；你广结善缘，也可以增加你的运气；你用心地关心你的用户，也会增加你的运气。让自己暴露在价值更高的信息里，多做对别人有意义的事情，不断地尝试做正确的事，这些都可以使你的运气增加。

▎品牌是重复和储蓄，能持续向外传播你的精神

刘飞：从外部角度看，你现在已经有一些个人品牌的特征了，你会觉得自己是品牌吗？你怎么看待个人品牌这件事？

姜 Dora：我觉得有一点点。但其实鉴于我自己的成长经历，我觉得自己不管是在学历上还是在个人的发展经历上，都乏善可陈。有时候我在参加一些活动时，我觉得自己除了"博主"就没有别的标签了。我的自我（ego）是特别小的，因为在最开始的时候我什么标签、什么品牌都没有。但是在做的过程中，我有了一点点所谓品牌的感觉。比如当时 B 站在线下做推广，想要强力推广它的职场内容，我是其中一个博主，我（有一天）就在公交站台（的广告牌）上看到了自己的脸。有一次，我的另一个博主朋友，他是个研究生，说他有一天在学校食堂餐桌的广告纸上看到我了。包括一些在线下被别人认出来的时刻，会让我有一点点感觉自己是一个品牌了。

还有，我看到有些人模仿我的简介，说自己在"为 –1 到 3 岁的（职场）人提供精神力量和解决方案"，我以前会觉得很气愤，但现在我会意识到他们不是我，我更了解我到底在做什么了。我觉得我越来越确定某种所谓的"IP 精神"，以前我会为了做而做，做完一期视频就算完成任务了。但我现在会在视频里重复一些话，比如我认为精神力量比解决方案更重要，因为解决方案随处可见，而精神力量是很匮乏的。我现在找的嘉宾，都是我认为不单单有解决方案，而且能提供精神力量的人。我会特别确定地告诉大家，"你应该成为自己喜欢的大人"；我特别确定我提供的内容是一种松散的、丰富的大人课；我特别确定自己希望用户在听完了我的内容之后，能对自己多一点点信心、多一些自我接纳，能看到自己的力量而不是缺陷。这些是很姜 Dora 的表达，是我每期都在重复的。我不会纠结这些是不是我已经讲过的内容，因为它们就是我想要反复传递的东西，是我的真正目的。在这个时候我会有一丝丝个人品牌的感觉，但我不太喜欢标榜这件事，或者把它当作一个很明确的目的。

如果一个人的目的是做品牌，他就很容易流于套路。我觉得所谓的品牌应该是自然涌现的。在我的理解里，品牌首先是重复和储蓄。这句话的意思是，你要有一些个人精神的重复，比如我刚才说到的这些东西就是我的一种重复，而且这种重复其实是需要狠下心来的。因为我们创作者总想做很多元的东西，不希望自己被定义，而如果你要做品牌，你就必须狠下心来告诉自己，这个标签就是用来定义我，或者定义我想要传播的东西的。然后你在这个标签下不停地储蓄价值，这种储蓄就构建了一种"景观"——当别人打开你的主页时，他们会发现自己看到的都是同一种风格的东西。只有当你不停地传播类似的精神，让大家对你产生了一种一致性的印象时，你的品牌才真正地形成了，而不是你现在自我介绍里的那些标签。

❙ 做个人品牌需要不断处理自己和自我的关系

姜 Dora： 还有一点是，我觉得做个人品牌，创作者需要不断处理自己和自我的关系。随着你的影响力扩大，你会慢慢长出一些更大的自我，你会觉得老天爷挺偏爱你的，但你会发现，自己慢慢对很多平常的事物缺少了观察和培育的耐心。你会因为自己很忙，想分享一些已经形成积淀的思考，而忽略一些新的迹象已经产生了、有些用户的新需求需要被关注了。还有，你会觉得自己好歹已经算是个小人物了，有些人来找你的时候，没有一上来就意识到你的价值，你就会觉得"他怎么能这么对我"，有些心高气傲，这样你就会错过很多机会。

我觉得做访谈对我来说是一个很好的打破自我的方式。你可能觉得自己在互联网上已经有上百万粉丝了，别人都会觉得你很厉害，但当你在访谈一个青年艺术家的时候，对方可能会觉得"你的账号和我有什么关系"。或者，你在访谈一些企业家、创始人的时候，对方其实也不会那么看重你。所以，你在和别人连接的时候，要意识到自己对别人来说其实没有那么重要。如果没有这样的场合来提醒你，你的自我就会变得越来越大。最后你会发现，有一些已经做了很久的 IP（创作者）在和用户讲话的时候是很傲慢的，言语中充满了说教和套路。你能从他们的开头、结尾中看出，他们自以为这样能唤起用户的兴趣，或者表达出了某种自恋——这种自恋是一种对用户的懒惰。你是能嗅到这个味道的。如果你继续这样做，你就会失去最初被你吸引来的那些人，用户可能会觉得你很酷、你很厉害，是一个传奇，但他们却不再和你交心了，你也不再能真正向他们提供价值了。

面对自我，还有一点是你要不断地自省，不断回顾当时的自己。我之前对自己有一个要求，就是不要总是想着 IP，把"I"当个"P"，你的品牌才更有可能成立。

▍品牌主是替他人守护和管理品牌的人，而不是品牌本身

姜 Dora：我曾经和三节课的创始人后显慧（Luke）聊过这件事情，得出了这样一个结论：所谓的个人品牌的终局，不是要把我们自己变得特别厉害，而是，我们是用户的"仆人"，是替他人守护和管理品牌的人，而不是品牌本身。如果你纯粹是为了把自己变成一个很厉害的人，这件事情会让 IP 的压力变得越来越大，你的自我也会越来越大，最后会把自己变成一个所谓的"教主"，对其他人单向输出你认为对的东西。在市场的变化中，这样很容易与用户脱节，我觉得是不好的。但是一个品牌如果想要活得长久，品牌主本人就要进化成品牌的"仆人"，要知道自己的品牌在帮某些人解决某些需求，要理解自己对于用户的价值，然后慢慢往后退，把其他能解决用户这个需求的人推到台前，不管是雇人来做这件事情还是不停地攒局找嘉宾。品牌主自己只是在背后编织这一切的人。

如果你自己一直在台前，你就会慢慢失去对用户的同理心。比如我做职场（内容），我有一天一定会失去对 –1 到 5 岁的职场人的理解能力，但我认为用户的这个需求是重要的，必须有人来满足，所以我就会为用户的需求搭建一个系统，让这个需求能持续地被供给和满足。你搭建一个舞台，然后让大家慢慢上来，不断通过更多人的力量完成对品牌的重复和储蓄。

刘飞：我来总结一下。

不存在做品牌和做 IP 这件事，或者说我们不推崇这种做法。之前我与少楠和白光聊，我们也觉得，把内容做好，并且重复强调自己内容的价值，这其实就是在做品牌了，不需要把内容和品牌分开看。

一个完全以个人为中心的品牌不一定是可持续的品牌。一个成熟的、可持续的品牌一定要迁移成一个更大的、更有容纳性的、更宽容的品牌。就像我之前和"交个朋友"（直播间）的朋友聊，他们就在把直播间"去罗永浩化"，因为完全依赖一个人的风险是比较大的。

▍在做内容的过程中收到的正反馈

刘飞：我们最后以相对正向的问题来结束。你在做内容的过程中，收到过的最正面的反馈是什么？有没有一些感动的瞬间？

姜 Dora：其实刚才的对谈对我来说就是一个正反馈。在听完你的想法之后，我觉得特别宽慰，因为我发现自己并不孤独。我们做个人 IP 的人其实有些时候很孤独，因为你一个人虽然在不停地搭建、不停地"摇人"，但是你其实是唯一的主线，其他人都会来了又走，你时常会有孤独感。我们目前在做的这个职业太新了，它不像金融、营销那样，有明确的方案、有确定的上升路径、有可以请教的资深专家，你有可能自己一不小心就成为整个行业里最了解这个行业的人了。有时候想想，这也挺无助的。所以我特别喜欢和不同的创作者聊天，聊聊最近遇到的事情，因为除了创作者，你找不到别人和你聊这些事情。你没有办法向别人言说背后的压力，除非对方是和你一样的人。如果每个人都是在海上漂流的孤独的船只，那么了解其他航船的存在以及彼此相似的处境就足以让我感到宽慰。所以我刚刚听你讲（这些），我内心就很宽慰，就觉得原来我在想的问题，别人也在想。这对我来说是一个很大的正反馈。

还有一个正反馈是，我在青春期的时候有一种执着，希望多认识一些有趣的人，因为无论走到哪里，别人都在谈论："你知道吗那个人曾经来过我们公司""那个人曾经和我做过一段时间的同学，他超有趣的"……那个时候我所在的世界很小，找不到很多有趣的人，于是现在我构建了一个自己的世界，我自己变成了十五六岁的我特别想认识的那种人，我觉得这是一件特别棒的事。回到之前那个前辈说的新世界和旧世界的隐喻，我觉得我现在在新世界还挺开心的。在新世界里有很多不亚于你自己的有趣的人，你也会发现这个世界的"玩法"不只有打工上班这一种。每个人都可以有不同的活法，想挣钱可以有很多路径，想过得开心也可以有很多路径。回到我刚才说的，事业发展的边界取决于你的想象力，你的生活最终能过成什么样，也取决于你想象力的边界。当你想过得更好的时候，你没有见过更好的生活长什么样，你就想象不出来。我现在在做的一件事就是努力拓展想象力，比如怎样能把内容品牌做得更漂亮。你其实不清楚下个阶段应该做成什么样，但是你已经做到自己想象中最好的状态了，于是你会发现见世面和拓展想象力变得很重要。你会意识到他人是比自己更宽阔的，世界上有很多等待你去解锁的"副本"，只要你愿意去打，你就会变得更有能力。所以，我的总结是，我变成了自己想成为的"内容人"，而且发现世界比曾经弱小版本的我想象得更丰富、更宽阔，这是一件挺幸福的事儿。你会觉得活不够，你会觉得活着有盼头。当我们两个人在这里一对一地交流的时候，也有那么多的小伙伴在评论区发言，虽然我们在对谈时不能一直照顾到他们，但他们愿意把时间花在我们这儿，我就发现做内容之后会有很多人爱你。当然，作为博主我们也挨了很多骂，可是，在这个赛博世界里，你虽然是一个人，但你知道有一群人支持你、需要你，这种感觉是很重要的。

· · ·

想了解更多创作者访谈，可以在小宇宙、苹果播客、喜马拉雅、网易云音乐等平台搜索、关注播客"三五环"。在这里，可以收听以上访谈的完整音频版本，还能听到以下内容创作者的分享：

- 游戏主播 女流
- 播客"井户端会议""东亚观察局"主理人 梵一如
- "交个朋友"创始人 黄贺
- 《详谈》系列作者、"得到"App 前总编 李翔
- flomo、小报童联合创始人 少楠、Lightory
- 《夜幕将至》导演 菅浩栋
- 猫头鹰喜剧创始人、播客"不开玩笑"主理人 史炎
- 高樟资本创始人、播客"老范聊创业"主理人 范卫锋
- B 站 UP 主 起小点、老蒋巨靠谱
- 喜剧演员 黑灯

- "温柔一刀"创始人　刀姐 doris
- 喜剧演员、播客"基本无害"主理人　毛冬
- 《单读》主编、播客"螺丝在拧紧"主理人　吴琦
- 微信公众号"也谈钱"主理人　也谈钱
- "有知有行"创始人、播客"无人知晓"主理人　孟岩
- 单立人喜剧创始人　石老板
- 喜剧演员、编剧　六兽
- 喜剧联盒国创始人　StormXu
- 喜剧演员　姜小黑
- 播客"谐星聊天会"主创　吕东、郝雨
- 播客"文化有限"主理人　杨大壹、超哥、星光
- 相声演员　田海龙
- 记者　房宫一柳

01　打造内容品牌最核心的三个公式

1. 好内容 = 共鸣（Resonance）× 效率（Efficiency）× 舒适（Comfortable）× 有用（Helpful）
2. 做出好内容 = 擅长 × 热爱 × 差异化 ×（形式和平台）匹配
3. 形成好的内容品牌 = 好内容 ×（可持续 + 好机会）

02　给内容创作者的 30 条忠告

有时候，禁忌清单（stop doing list）比待办清单（to do list）还要有效。我会在这里列出 30 条内容创作需要避免的问题以及我的忠告。

1. 不要做只面向转化的物料，也不要做"标题党"，这样会消耗用户的信任，不断损害品牌。
2. 不要做半衰期很短的、很容易过时的内容，不要"无脑"蹭热点；蹭热点可以，但要保证潮水过后，用户还能记得你。

3. 不要完全忽略体验上的舒适感，不要让内容品质跌出舒适感的底线，也不要在制作上付出过高的成本、无限制地追求形式上的品质。在达到阈值之后，还是要把多余的精力投入内容的真正价值（对用户的价值）中。

4. 不要只关注表达自己有多厉害，不要只关注内容本身有多优质，要关注内容对用户来说有没有用。有用不一定是工具性的，有情感共鸣也是有用。

5. 不要完全模仿和照抄别人做内容的手段，品牌是不会给后来者机会的，这种做法只会更加强化先来者的品牌。

6. 不要以为别人做过的主题就不能做了，很多主题依然可以实现差异化，你需要找到新的切入点，给自己的内容"加定语"。

7. 不要闷头苦干，从不抬头看。用户需要关心、同行需要关注、市场变化需要了解。

8. 不要立自己没有的"人设"，崩塌之后你会摔得很惨。

9. 不要只让更多人知道你，还要让更多人喜欢你。名声只有在它是好名声、受到认可的名声时，才能产生更多价值。

10. 不要只关注最热门的内容平台和内容形式，我们离所谓的行业趋势并没有想象中那么近。任何内容平台的红利期，都不意味着赶上了就能变成金子，红利期更多地是让金子能发光了。

11. 不要做自己不擅长的内容，也不要从零开始。从过去的人生中找到自己发光的地方，重新让它们散发光芒就好。

12. 不要做自己不喜欢的内容，也不要为自己不喜欢的用户创作内容，你的厌恶情绪会成为你长期做下去的最大精神成本。

13. 不要以吐槽和讽刺他人为创作核心，嘴下要积德，否则一旦恶果出现就很难挽回。随意评价商业机构，评价的不实之处会让你面临被诉讼甚至被判处诽谤罪的风险。

14. 不要在头脑发热时对用户承诺太多，无论是更新频次，还是某些服务的交付。先试着做一做，确保自己能兑现承诺，否则用户信任度下降后挽回的成本要高很多。

15. 不要完美主义，很多时候，写（做）完，比写（做）得好的优先级要高。草率的开始，胜过深谋远虑的蛰伏。

16. 不要太依赖身边的朋友和资源。前期"冷启动"时可以借用他们的力量，但要把握好时机，让他们变成你的好内容的放大器，而不是单纯来"刷脸"，挥一挥衣袖，不留一个用户。

17. 不要太依赖过去平台的某些光环，比如"大厂高层""名校毕业"。这些在"冷启动"时比较有用，但持续使用这些光环，品牌的附加值是加在光环上的，而不是加在你自己身上的。

18. 不要只顾着规划和设计，考虑七八成即可，剩下的交给市场去检验，从真实结果中做出判断，从而迭代。

19. 不要只关心曝光率和粉丝量，还要关心更有价值的数字，比如留存率、打开率等。

20. 不要总是在办公室里做决策，也不要总是去参加内容创作者和商业化探讨的峰会沙龙，要多出门和用户聊天。

21. 不要盲目提高边际成本，不要一上来就采买各种昂贵的硬件和软件，不要在还没成熟时就招募太多伙伴。由俭入奢易，由奢入俭难。

22. 不要频繁切换创作的平台、创作的主题和创作的方式，尽可能等"撞到南墙"了，再掉头拐弯。

23. 不要期待"一击必杀"，用一招定乾坤，把所有赌注都放在下一个内容上。好运气是随机分布的，而且大多数不会出现在"下一次"。

24. 不要太早放弃，尽可能多找一些机会点，多找找不会让自己感到疲劳的创作动机，等待机缘到来。

25. 不要被用户的好评和恶评冲昏头脑、影响情绪。那些评价是对一个抽象的虚拟形象的评价，未必是真实的你。

26. 不要和用户吵架或起冲突，善用拉黑功能，坚持课题分离，相信在情绪的驱使下行动只会让状况恶化。

27. 不要泄露太多个人真实信息，如果被某些奇怪的人利用，可能会影响你的正常生活，而且这种影响通常是不可逆的。

28. 不要一开始就拒绝各种商业化的尝试。哪怕是大概率不太合适的，或者收益可能很低的，也不妨先试一试。在实践中检验这条路是堵死的还是能走通的，比在想象中犹豫要好。

29. 不要随手把账号信息发给别人，不要让账号密码长期在别人手上管理，不要随意触碰敏感话题，也不要忽视各个平台的规则和内容政策。账号是内容创作者唯一的固定资产。

30. 不要总和别人比，可以多和自己比——最近的内容质量是不是提升了？近来的用户素质是不是更高了？自己的内容是不是更有影响力了？

后记
内容创作是人生的独特旅行

1

在这本书的开始，我写了"我的内容创作简史"，讲述的更多是发生的事情和结果。在这本书的最后，我想加入一些新的思考，结合书中提到的差异化、擅长与热爱、选择平台和形式、迭代复盘等内容，重新回顾我的这些经历，形成一个迭代过的新版本。

第一阶段：知乎。

我在知乎上开始创作，是在 2014 年，彼时知乎社区中与产品经理相关的内容并不多，很多问题下都没有互联网从业者的分享，而我正好是一个工作了几年、对行业有了初步认知的产品经理，于是在话题上体现出了差异化。除了写产品经理相关回答的人本来就少，事后再看，当时我还有大量关于实际操作的案例和故事，也体现出了差异化。

很多产品经理相关问题的回答者，要么是从行业之外的视角出发，凭借自己的想象力描述产品经理的工作，要么就是已经身居高位，更喜欢思考一些更宏观的问题（例如产品经理这一岗位究竟有没有价值）。我作为初出茅庐的产品经理新人，有着充沛的热情，和别人探讨的是各种基础的问题：用户场景为什么重要；需求文档该怎么写；怎么判断是真实需求还是伪需求；等等。这些问题都是我在真实的日常工作中体会到的，所以我写出来就够真诚，也够自然。

正如前文提到的，不同内容的连接价值和半衰期是不同的，我后来选择出版两本书——《从点子到产品：产品经理的价值观与方法论》《产品思维：从新手到资深产品人》，就是因为我意识到了知乎平台上的回答较为分散，很难形成完整的结构。对创作者来说，有出版物作为沉淀，也能够持续为自己带来新的连接。今天，这一点也得到了验证——通过这两本书认识我的读者朋友，比通过知乎回答认识我的读者朋友多很多，在相识之初，他们对我的信任度也是更高的。一些产品领域的前辈，我和他们本没有交集，也是由于这两本书，我有了认识他们的机会。

在知乎上的创作遇到瓶颈也很容易理解：对初阶和中阶的产品经理来说，能写的内容总是有限的。回答过那些常见的问题后，我就没有太多创作动力了，毕竟那时候我还在工作，并不在意在知乎上写作的商业收入。

另外一个瓶颈，也和前文提到的连接价值有关。我发现，知乎的内容分发形式是围绕话题的。试想一下，我们在知乎上看到了一个高赞回答，也许会顺手关注一下回答者，可是会有多大的概率，我们在下次浏览知乎时还能够再看到这个回答者的内容？其实是很小的。我在知乎的创作欲也受这一点的影响——哪怕我有几十万的关注者，可我只要不回答热门的问题，就很难有人看到我的回答。那时我还没有什么对于品牌和连接的认识，只觉得这样是不太好的。于是我就开始在微信公众号进行更多的创作。

　　第二阶段：微信公众号。

　　微信公众号中看似都是图文长内容，不过它的内容分发形式主要围绕订阅关系展开，这样，在有了长期的订阅积累后，我就可以选择自己感兴趣的话题进行内容创作，而且一定会有一部分忠实的读者能看到我的内容，不是只有去追随热点才能被人看到。

　　此时，平台已经不是我内容创作的瓶颈了，而话题成了瓶颈。我起初并没有很好地解决产品经理话题本身的局限性，而我身边的产品经理话题创作者也发现了这样的瓶颈。一部分人放弃了继续创作，专注于自己的主业，而我自己还有创作欲，并不想放弃；另一部分人则做起了培训生意，把内容当成了帮助培训和服务获得流量的方式，这也不是我创作的初衷，我也没有选择这条路。

　　后来，我选择的方式是开始观察行业，以产品思维思考商业话题。同时，我也开始写一些职场的内容，比如：到底是要在"大厂"成为职业经理人，还是要创业？如果要创业，应该做什么行业？这些思考牵引着我进行更真实的表达。因为彼时我正处在这种纠结和挣扎之中，也希望能通过对商业的分析和观察，想明白自己的职业发展道路。

　　在微信公众号上创作的过程中，我深刻感受到了前文提到的商业价值的差异。我的微信公众号目前有 15 万的订阅量，而我在知乎有

26万名关注者（2019年后这个数字就几乎没变大过了），表面数字有着接近一倍的差异，但实际上前者的价值要高出后者许多——无论是从账号对用户的价值来看，还是从账号本身的商业价值来看。同样的阅读量，在微信公众号能获得的收入，要比知乎高出三到五倍。

不过，我在微信公众号上也面临着另外的创作问题——我依然在依赖个人的观察和过往经验的输出。如前文所述，这种输出并不是理想的"活水"，容易枯竭。这时，播客作为理想的内容形式出现了。

第三阶段：播客。

2019年，我发觉自己和身边很多朋友的聊天内容本身就足够有趣，很多对行业的观察和思考也能带来启发，于是就尝试着先和做财务顾问的、很能聊的朋友金叶宸录了一期播客，效果还不错。接下来，我又邀请了一些朋友，这些朋友原本大多数没有在做自己的内容，也没有做内容的打算，所以在我的播客里，他们的表达就成了公开领域中很独特的内容。这也在一定程度上解决了水源枯竭的问题。

在主题方面，我更倾向于发掘这些朋友们区别于他人的观察，也就是作为内行人的看法和思考 ["三五环"的口号就是"insider talks"（局内人的聊天）]，而并不仅仅是闲谈。这也是一种差异化的、足够真诚的定位方向。很多嘉宾，如B站UP主半佛仙人、"交个朋友"创始人黄贺、网易云音乐社区产品前负责人苏青阳、通义听悟产研负责人志杰等，都提供了中文播客乃至中文媒体领域中很独特的内容。

2022年，我和大学同学潇磊开始尝试做一档新播客"半拿铁"，它又有着另外一种模式。我们是固定搭档，不会邀请嘉宾，先把自己收集的公开信息材料整理成文稿，然后以尽可能诙谐、轻松的方式讲出来。我们两个人都是相声爱好者，所以我们加入了很多所谓的"烂梗"（李诞在一期播客节目里，把它称为"不幽默的一种幽默"），反而起到了神奇的差异化效果，让原本比较枯燥的商业故事变得更耐听了。

在选题方面，我们很少追热点，聊的都是自己格外关心的内容、好奇的话题，这样能确保我们表达的状态足够好，也能防止不懂装懂的情况出现，损害大家对我们的认知。我们最终和听众建立的连接很深入，是我过去的内容都没有建立过的。听众画像显示，我们的听众中有男女老少等不同的人群，从北美洲到非洲，都有喜欢我们的人。很多人也表达过，他们喜欢我们，是因为我们的内容让他们能够听得下去，也是因为我们在表达时展露出了真诚。

如今，公众号"刘言飞语"、播客"三五环"和"半拿铁"成了我生活中不可或缺的部分，它们既是我一部分稳定收入的重要来源，也成了我认识朋友、与人连接的最重要的渠道。通过内容创作，我过上了与过去截然不同的生活。

2

内容创作是人生独特的旅行，我很清楚地记得每个内容创作的重要节点。

2001 年，我的作文被语文老师当众朗读，她说自己从业多年来没有读过这样奇特又有趣的作文，那时我立志当作家。

2002 年，读完每一本韩寒和郭敬明的书、每一期《萌芽》杂志，我开始向新概念作文大赛投稿，但石沉大海。

2004 年，我每个月都会写满一个笔记本，有日记、有散文，也有小说。

2008 年，我在学校的在线论坛上输出活跃，成为版主，后来成为站长。

2009 年，我在诗歌大赛中获奖，成为学校诗社的副社长（虽然我们的诗社只有三个人）。

2011 年，我考研成功，超过录取分数线 70 分；我编写了一本出版物《计算机操作系统联考复习指导》、写了一本电子书《考研真相》，还做了一套视频"阿飞考研讲座"。

2014 年，我开始在知乎上创作，在产品经理领域得到了一些认可。

2015 年，我开设微信公众号"刘言飞语"，此时我的副业收入开始接近主业收入。

2017 年，《从点子到产品：产品经理的价值观与方法论》出版，我结识了很多各行各业的前辈，包括俞军、罗振宇、苏杰、李笑来等。

2019 年，《产品思维：从新手到资深产品人》出版，我开始做播客"三五环"。

2022 年，我开始创业，做出了茶品牌"三五杯"，通过自己创作的内容，我结识了很多消费品行业的前辈，比如三顿半的吴骏、企鹅吃喝的志伟；同时，我开始做播客"半拿铁"，以副业养主业。

　　如今，我的生活和工作，被内容创作深刻地改变了。

　　要问我这一路走来的乐趣，赚钱从来都是排在最后的。创作内容如同做出有趣的产品，那种被用户接纳的成就感和价值感，是独特的；内容创作让一个人有了行走的名片，当我们遇到自己喜欢的人，而对方恰巧是我们的读者／听众，也很喜欢我们时，那种茫茫宇宙中充满巧合的共鸣，是独特的；内容创作反推着我去认识更大的世界、拓宽自己的认知边界，这样的充实和满足感也是独特的。对我来说，每次内容创作都像是兴之所至的出发，也像是不期而遇的旅行。

　　身边那些我认同和钦佩的内容创作者朋友，无一不感激内容创作给自己带来的乐趣、收获和漫长的陪伴。内容是我们与世界对话的方式。

3

　　在最初筹备这本书时，我对"催稿人"少楠和白光表达过担忧，担心哪怕是自己殚精竭虑总结出的方法，也未必能真正帮到别人、真正让读者一跃成为有影响力的内容创作者。后来我放下了这个执念，把这本书的目标变成：让一个不清楚什么是内容、什么是内容品牌的朋友，开始对做内容产生兴趣、意识到做内容的价值，以及做内容有哪些潜在的"坑"要注意避开。市面上并没有太多这样的分享可供参考，这种差异化的主题，似乎就有了价值，让我又燃起了好好写稿的动力。

　　这本书虽然脱胎于我在小报童平台上的付费连载专栏《内容即品

牌》（2023 年 3 月 17 日就完结了），原本可能只要把专栏结集成文就可以出版，但是，这样一本书是否真正有价值、是否能真正满足差异化的定位，我始终在反复的自我怀疑中不断推翻自己的答案。于是，我从 2023 年年中开始改稿，一直改到 2024 年，花费了整整一年，重写了至少一半的内容，也完全重制了框架和逻辑。如今它算是一份勉强及格的答卷，也算是一份我对自己在互联网上创作内容十余年的相对满意的汇总报告吧。

诚如书中反复提到的观点，做内容，乃至做内容品牌，未必有一以贯之的方法、四海皆准的套路。若这本书不能指明道路，我也期待着它能让诸位避开一些"坑"、少走一些弯路。哪怕只是让有些朋友从今天开始动笔、动手，我也算是没有白写。

最后，再次感谢少楠、白光，以及独立策划人汤曼莉老师的支持。感谢"半拿铁"搭档潇磊、"三五环"制作人严格的支持。更要感谢一路上所有通过内容与我产生连接的各位读者和听众朋友的喜欢。我也很喜欢你们。

刘飞

2024 年 3 月 1 日